SARA JORDANI

VIAGENS PARA O DESPERTAR

Copyright © 2021 de Sara Jordani
Todos os direitos desta edição reservados à Editora Labrador.

Coordenação editorial
Pamela Oliveira

Revisão
Bonie Santos

Assistência editorial
Larissa Robbi Ribeiro

Ilustração da capa
Amanda Chagas

Projeto gráfico, diagramação e capa
Amanda Chagas

Imagem de miolo
Visnezh / Freepik

Preparação de texto
Denise Morgado Sagiorato

Dados Internacionais de Catalogação na Publicação (CIP)
Jéssica de Oliveira Molinari - CRB-8/9852

Jordani, Sara
   Viagens para o despertar / Sara Jordani. — São Paulo : Labrador, 2021.
   208 p.

   ISBN 978-65-5625-161-5

   1. Literatura brasileira 2. Espiritualidade 3. Autoconhecimento 4. Lugares sagrados - Viagens - Ficção I. Título

   21-2966   CDD B869.3

Índice para catálogo sistemático:
1. Literatura brasileira

Editora Labrador
Diretor editorial: Daniel Pinsky
Rua Dr. José Elias, 520 — Alto da Lapa
05083-030 — São Paulo — SP
+55 (11) 3641-7446
contato@editoralabrador.com.br
www.editoralabrador.com.br
facebook.com/editoralabrador
instagram.com/editoralabrador

A reprodução de qualquer parte desta obra é ilegal e configura uma apropriação indevida dos direitos intelectuais e patrimoniais da autora. A editora não é responsável pelo conteúdo deste livro. A autora conhece os fatos narrados, pelos quais é responsável, assim como se responsabiliza pelos juízos emitidos.

Dedico este livro a cada um dos profissionais que me acompanharam nesta jornada. Cada um que, com sua formação técnica, sua especialidade, contribuiu com tijolinhos para a construção da minha morada. Cada um daqueles que me atenderam, me ouviram, me orientaram, foi determinante no encontro comigo mesma, na ressignificação da minha história.

Sou imensamente grata por nossos caminhos terem se cruzado. Por ter compartilhado e aprendido com cada um. Por ter sido amparada, acolhida, cuidada, ouvida, amada. O meu coração exulta de contentamento ao saber que somos partes de um todo. Que somos irmãos de alma.

Você tratou com carinho do meu coração. Você cuidou do que havia de mais sagrado em mim. Você me redirecionou para o que é essencial à minha alma. Você trouxe luz em meio a sombras. Você segurou a minha mão, riu e chorou comigo. Você contribuiu para o meu despertar, para o acesso ao meu sagrado.

A você que esteve comigo por um período longo ou curto, por um dia ou por anos, por uma hora ou por meses, saiba que você fez a diferença em minha vida. E que o período que compartilhamos era o tempo certo para estarmos juntos. Nem mais nem menos. Foi o tempo exato requerido nesta jornada cósmica. Nós nos encontraremos em breve, talvez em outros corpos, outras moradas. Não há problema algum. O nosso ser divino reconhecerá nossas conexões de alma.

A você a minha gratidão, o meu amor, o meu sorriso!
Namastê!

*Lokah
Samastah
Sukhino
Bhavanthu*

(Em sânscrito, autoria desconhecida)

*"Que todos os seres
sejam livres
e que meus pensamentos,
palavras e atos
contribuam
para a felicidade
de todos os seres."*

(Tradução livre)

Sumário

Setembro de 2017 .... **11**
Déjà-vu **14**
Seis meses antes **16**
Infância **19**
Brincadeira de criança **20**
Injúria **24**
Familiarização com a Mongólia **27**
Adolescência **29**
Um mês antes de chegar à Mongólia **33**
A despedida **36**
Retratos de uma viajante **39**
Memórias póstumas **42**
A estrada e o caminhante **44**
Reflexões póstumas **46**
Primeiros anos da separação **49**
Abismo **52**
O reencontro às vésperas do aniversário **54**
E o mundo do avesso outra vez **56**
Orfandade **59**
O corpo se perdeu **60**
Desabrigo **62**
Eu quero voltar **65**

O inconsciente em ação **67**

Recordar **69**

A jornada para sair do loop.................................... **70**

Xamanismo: animal de poder................................. **72**

Xamanismo: resgate de alma **75**

Desvendando o resgate de alma **80**

Presente, passado e futuro **82**

Uma nova morada **92**

Seu corpo, sua morada **97**

Os quatro elementos **98**

Elemento terra **100**

Elemento água **102**

Elemento ar **104**

Elemento fogo **106**

Quatro em um **108**

Mistérios na terra do céu azul **110**

Pedras: propriedades e registros **114**

Pedras e sua consciência **119**

Reconexões **121**

Leitura de registros akáshicos **127**

Acessando a memória celular do corpo **129**

Condenação **133**

Triângulo polinésio **135**

Exercícios de clarividência **144**

A verdade vista por outro ângulo **147**

Xamanismo: animais auxiliares **151**

A sabedoria oculta dos animais *152*

Bandeira da paz *155*

Retorno de Saturno *158*

Retirante *159*

Cara a cara com o inimigo *164*

Acerto de contas *166*

Ayahuasca e o expurgo final *168*

Manjusri, bodhisattva *da sabedoria* *173*

Monastério Khamar *176*

Religare *182*

Amanhecer *186*

O despertar coletivo *188*

Khamar: a despedida *190*

O passeio pelos corpos sutis *192*

Confirmações *195*

O encontro *202*

Eu Sou *204*

Setembro de 2017

Após trinta e nove horas de uma viagem com pouco tempo de sono e carregada de reflexões, Zaya já havia se questionado em vários momentos: *O que eu estava pensando quando decidi atravessar o globo sozinha às vésperas do meu aniversário? O que é mesmo que estou fazendo aqui? O que passou pela minha cabeça para eu tomar essa decisão?*

Depois de duas exaustivas conexões, ela, que havia dormido menos que o regular em um voo e naquele momento estava mais exausta que inquieta, finalmente aterrissou no destino escolhido para passar seu aniversário de trinta e um anos: a Mongólia. Entre muitas coisas, era um país de forte tradição nômade, com uma das menores densidades demográficas do planeta e um tom azul no céu que se destacava. Enfim, lá estava ela, na terra do céu azul, do outro lado do mundo.

A primeira visão que teve ao descer do avião foram as lindas estepes mongóis. O que, no entanto, mais chamou sua atenção foi a cor delas: verdinhas, como se fossem aguadas com frequência, como se houvesse alguma espécie de irrigação em toda aquela pastagem, cujo fim a vista não alcançava. E, por ter chegado em plena luz do dia, pôde contemplar de imediato o famoso céu azul acima de sua cabeça.

As emoções começaram já no guichê da imigração. Sem saber falar uma palavra no idioma local, o mongol, esperançosamente desejava que o atendente falasse inglês, o que não aconteceu. Ele começou a folhear seu passaporte de frente para trás, de trás para frente, como se procurando por algo, e balbuciou algumas palavras, o que levou o coração da jovem aventureira a uma leve, porém desesperada, palpitação. A única coisa na qual Zaya conseguia pensar era: *Não! Outras trinta e nove horas de viagem eu não aguento. Por favor, me deixe entrar. Por favor, por favor!*

Seu pensamento era quase uma súplica. O atendente olhou-a atentamente, como se lendo suas reais intenções com aquela visita, folheou seu passaporte até a última página pela terceira vez e, para alívio daquela alma, carimbou-o na penúltima folha. Pronto, ali se iniciava oficialmente a jornada que a guiaria a rumos inimagináveis.

Para sua sorte, encontrou imediatamente, na área de desembarque do aeroporto internacional de Chinggis Khaan, alguém com um sorriso caloroso no rosto e uma folha nas mãos em que estava escrito: ZAYA. Ao avistar a pessoa, pensou instantaneamente: *Ufa, que alívio! Vieram me buscar!*

Mas, já que nem tudo sai como esperado, para a surpresa de Zaya, a anfitriã também não falava inglês. Portanto, do aeroporto até a recepção do hotel, ambos situados em Ulaanbaatar, capital da Mongólia, a comunicação se deu estritamente por linguagem corporal. Gestos e sinais pareciam ser a ordem do dia no quesito comunicação.

No carro, a caminho do seu primeiro destino naquele país, a anfitriã entregou um celular a Zaya, e então ela pôde se comunicar com a pessoa que havia organizado seu roteiro de viagem e finalmente se tranquilizar quanto ao translado, que levaria pelo menos uma hora, por causa do tráfego intenso.

Na saída do aeroporto e durante grande parte do caminho, pôde contemplar prédios antigos, herança do regime político presente por décadas na região. À medida que a viagem progredia, os blocos de prédios antigos davam lugar a edifícios com visível influência ocidental. Foram cerca de quarenta minutos para Zaya constatar que o Ocidente declaradamente havia chegado àquele lugar tão longínquo, no coração da Ásia.

O Ocidente manifestava-se nos meios de transporte — carros com mão inglesa misturados com carros com direção não inglesa, lado a lado, ocupando as mesmas pistas. Nas vestimentas, jeans, bonés e tênis muito descolados e de todas as cores. Havia multinacionais do ramo alimentício e, no ar, uma sensação de componentes ácidos. Foram necessárias algumas horas até as narinas se acostumarem ao novo ar inalado.

Zaya ainda não sabia discernir se tudo aquilo era algo positivo, considerando que estava tão distante geograficamente de seu país, ou negativo, considerando a finalidade da viagem. Enfim, aquele definitivamente não era o momento de se preocupar. Seu corpo só desejava um banho quente e algumas horas em uma cama confortável.

Ao avistar o Kempinski, hotel no qual passaria as primeiras noites da viagem, sentiu um imenso alívio, e corpo e alma sorriram, agradecidos. Até aquele momento, tudo correra bem. Chegara a hora de desfazer as malas e descansar naquele que parecera um destino inalcançável.

Apesar do enorme esgotamento físico e mental em decorrência de uma série de preocupações que assolaram sua mente até a chegada, havia surgido em seu ser, no exato instante em que pisara o solo mongol, uma felicidade desmedida. Era como se as horas de voo não representassem tanto, como se num abrir e fechar de olhos ela tivesse se materializado ali.

A reação positiva que seu corpo manifestou foi imediata, o que resultou em um enorme alívio e um sentimento de gratidão àquela terra por tê-la aceitado e acolhido. Para Zaya, intuitivamente, partes dela reconheciam aquele lugar. Não era a primeira vez de sua consciência na Mongólia.

Déjà-vu

Na manhã seguinte, ao descer para o café no hotel em Ulaanbaatar, Zaya, por uma fração de segundo, ao olhar em direção à recepção enquanto caminhava, avistou, entre outras pessoas, um homem usando boné, jeans e camiseta. Ele estava sentado no sofá, com as mãos segurando a cabeça, e mirava o chão. Na hora, aflorou em Zaya o sentimento de que aquele seria o seu guia.

Não havia recebido fotos ou qualquer outra informação que a levasse a tal dedução; eram apenas os seus sentidos, a sua intuição. A impressão que teve ao passar e vê-lo de relance foi de que ele era um homem de trinta e seis anos. Não verbalizou nada, apenas seguiu seu caminho em direção ao café da manhã.

Mais tarde, pronta para o passeio, desceu até a recepção e foi em direção ao homem visto minutos antes. Apresentou-se e confirmou: sim, ele seria o seu guia, sua principal companhia pelos próximos quinze dias. Uma questão intrigante era que o guia não tinha trinta e seis anos, como pressupusera ao vê-lo de longe, e sim vinte e três. Era um jovem rapaz mongol, simpático, conhecedor da história do país, carregado de sonhos e muita disposição. Ao se aproximar, Zaya constatou uma fisionomia jovem, bem diferente da observada de relance minutos antes.

Ao enxergá-lo mais jovem, ela se questionou se teria sido um *déjà-vu* ou se aquela seria a visão de um encontro futuro, um sinal de que voltaria à Mongólia anos mais tarde e o reencontraria. Todavia, decidiu deixar em suspense seus pensamentos; sendo uma coisa ou outra, ela teria tempo para averiguar, pois a real preocupação por parte da viajante era que existisse afinidade entre eles, afinal contava-se nos dedos o número de pessoas que falavam inglês ali. Diante do contexto da viagem, essa era uma preocupação altamente relevante, visto que ele seria sua companhia diária naquela expedição ao desconhecido universo mongol. O guia seria sua chave de acesso aos locais que ela pretendia desbravar.

Seis meses antes

O sol agraciava o céu com sua presença. As nuvens espaçadas criavam formas admiráveis que remetiam Zaya a momentos da infância. O vento cortava as formações rochosas exuberantes existentes no local. Caminhava-se em silêncio, em estado de total contemplação. O local era o Parque Nacional de Talampaya, região de La Rioja, Argentina.

O grupo era composto por aproximadamente trinta pessoas de diferentes nacionalidades. Os trabalhos de meditação, introspecção e elevação de seus campos vibracionais haviam sido iniciados dias antes em Capilla del Monte, uma pequena cidade pertencente à província de Córdoba, também na Argentina. Foram três dias no Camping del Peregrino e, em seguida, o deslocamento até o Parque Nacional de Talampaya. Aquele era o penúltimo dia de um encontro de contato e conexão com consciências de outros planos.

A meditação fora iniciada ao pé de uma montanha. De pé, as pessoas estavam dispostas aleatoriamente, concentradas em sua própria respiração. Zaya, depois de uns minutos de resistência, fechou os olhos, determinada a desconectar-se do externo para conectar-se ao seu interior.

Minutos transcorreram e a meditação conduzida fora silenciada. Quase instantaneamente, Zaya viu surgindo em sua tela mental um índio ancião com aproximadamente sessenta e seis anos de idade, com cabelos lisos, ralos e soltos à altura dos ombros. Ele vestia uma túnica bege, quase branca, e estava desprovido de adornos. Com um rosto fino e algumas rugas, tinha uma expressão tranquila e leve. Em sua face carregava um tímido sorriso, e estava a uns poucos metros de distância.

Esse ancião, em seu estado de serenidade, porém de modo firme, levantou uma das mãos até mais ou menos a altura do peito e apontou o dedo indicador à frente, iniciando um movimento circular em sentido horário. Dessa maneira, criou um vórtice de luz branca e, à medida que movimentava o dedo indicador, aumentando o vórtice, uma fenda se abria no centro. Então, para espanto de Zaya, o ancião comunicou-se telepaticamente com ela, enviando-lhe a seguinte mensagem: *Esta é a realidade que você criou. Entre!*

Havia um misto de resistência e curiosidade, o que levou Zaya a olhar desconfiada para aquele senhor por uns instantes, em uma tentativa de desvendá-lo. Logo, olhando-a diretamente nos olhos, ele repetiu com a força do pensamento: *Entre! Veja o mundo que você criou!*

Uma parte de Zaya sentiu-se empolgada com a possibilidade, e como não percebeu qualquer ameaça por parte dele, ela se aproximou da fenda. Num impulso, sentindo-se como uma criança ansiosa prestes a desvendar um grande mistério, pulou para dentro do vórtice para ver o que lhe estava sendo mostrado.

Para sua surpresa, ela se deparou com um lindo gramado todo verde, em todas as direções que sua vista alcançava. No peito sentiu que aquele lugar poderia ser um canteiro para um lindo e florido jardim. Uma imensa felicidade preencheu-a naquele instante. Sentiu orgulho de si mesma, pois, segundo o ancião, ela teria construído aquele lugar harmônico e acolhedor, que naquele momento a recebia calorosamente. Era uma sensação de voltar para casa. Estar ali era como regressar a suas origens. Seu corpo reconhecia aquele lugar, sentia-se estranhamente confortável. O tempo que passou ali eternizou-se em sua memória. Zaya rolava na grama, brincava, sorria, pulava, admirava, contemplava. Sentiu um contentamento desconhecido. O gozo perdurou para além daquela experiência.

Zaya dentro da fenda, o ancião fora. Por vezes, os olhares se cruzavam. E, no encontro dos olhares, o conforto prevalecia. Aquelas eram almas conhecidas. Aquele índio transmitia, com sua presença e sua confiança, uma sabedoria milenar, sendo essa a maneira como Zaya o materializava em sua mente.

Depois de explorar aquele imenso gramado, Zaya ouviu:

— Vá para a Mongólia, Zaya! Você precisa ir à Mongólia!!! Mongólia!!!

E, do mesmo modo que apareceu, o ancião desapareceu da sua tela mental, deixando-a com uma enorme sensação de bem-estar. Por outro lado, ele havia despertado nela uma grande mobilização interna. Zaya passou os minutos, horas, dias e semanas seguintes se perguntando: *O que, afinal de contas, foi aquilo? Por que Mongólia? Onde é mesmo que a Mongólia fica no mapa-múndi? O que eu tenho a ver com a Mongólia?*

Até aquele momento, ela nem sabia onde o país estava localizado geograficamente. Teria sido uma criação descabida da sua cabeça ou aquela era uma informação a ser averiguada? Milhões de questionamentos assolaram sua mente. A partir daquela vivência em solo argentino, a Mongólia passou a ser seu principal objeto de estudos.

Como resultado, seis meses após a experiência intrigante daquela meditação, Zaya desembarcava no país cuja localização geográfica ela agora conhecia com exatidão. Mongólia, nação asiática, sem saída para o mar, localizada em meio a duas grandes potências mundiais, China e Rússia, do outro lado do mundo, bem longe de casa.

Para sua surpresa, ao tocar o solo mongol, deparou-se com um cenário semelhante ao visto em sua meditação, um imenso gramado verde. Um instantâneo reconhecimento visual foi acionado internamente. Ela já havia estado ali. Uma confirmação para sua mente questionadora. *Será este um retorno à minha casa? O que será preciso resgatar nesta viagem? Será este um prenúncio do meu despertar consciencial?*

Em uma fração de segundo, ao pisar o solo mongol, as perguntas deram lugar a um profundo estado de contemplação e quietude, marcando, assim, o início de experiências que iriam muito além do seu imaginário.

Infância

Zaya veio ao mundo em um local onde a vida era pacata e segura. Teve sua primeira infância feliz, brincando em uma rua de chão batido com seus amigos vizinhos. Confeccionava e soltava sua própria pipa, brincava de bets, pular corda, pega-pega, rouba-bandeira, esconde-esconde e amarelinha. Subia em árvores, fazia bolinhos de barro embaixo de um pé de caju, tinha seu próprio jardim em parceria com um amigo, assava castanhas em fogueiras feitas no quintal de casa.

Ela andava de bicicleta, colhia frutas no quintal e jogava futebol. Brincava de comidinha, mas só com chocolate regado a muito leite condensado, e logo após o almoço — uma garantia de que suas tardes começariam adocicadas. Nesse contexto, alegre e livre, Zaya registrou sua infância nas linhas da poesia que segue.

Brincadeira de criança

Pendurada no muro,
Saltitante a testar
O coração do amigo que contigo está.

O desafio superou,
Chegou a hora de comemorar.
Amigos unidos
Prometem um muro mais alto escalar.

Por sorte, a sorte insiste em acompanhá-los.
Pique-esconde, pega-pega...
Agora não vai rolar,
Esta é uma noite de luar.

Abrace o violão,
Lá fora vamos estar.
Sente-se ao redor da fogueira,
É noite de São João,
Chegou a hora de cantar!

Vem junto, não demora.
Barquinhos de papel encantam em alto-mar.
Vamos pegar carona com o vento,
Pular os oceanos e sentir a brisa passar.
Fica a dica, amigo,
O segredo é sonhar.

A menina solta pipa,
O céu a explorar.

Oh, que imagem linda,
Feliz aqui,
Vendo a hora passar.

Rouba-bandeira
É diversão certeira!
Mesmo dias frios irá esquentar.
Vem comigo,
A hora chegou,
Vamos brincar!

A bola quica,
O vaso quebra,
Uma linda história para contar.
A janela aberta
Deixou a bola passar.
Ops... Acho que papai e mamãe não vão gostar!

Em dias tranquilos,
É embaixo do cajueiro que vão te achar,
Fazendo bolinhos de barro
Com seu amigo,
Juntos tagarelando sem parar.

Vem, vamos comigo,
Já é hora de ninar.
E sonhos floridos
Vamos testemunhar.

Dessa forma simples e rodeada por amigos, Zaya vivia sua infância, aproveitando uma liberdade que nem sempre se estendia para dentro de casa. Seus pais, zelosos e provedores, deram uma criação rígida e conservadora à pequena Zaya. Uma ordem jamais poderia ser questionada, deveria ser obedecida e ponto-final. Muitas vezes, um olhar bastava, não havia espaço para questionamentos quando seu pai estava em casa.

Ainda com pouca clareza sobre o distanciamento emocional entre seus pais, dormia feliz sobre a barriga daquele que pela vida inteira chamou amavelmente de "papai" — na infância, por carinho àquela figura, e na adolescência, pela pura necessidade de continuar um velho hábito.

Zaya foi crescendo e, sem saber, dotada de uma sensibilidade peculiar, captava pouco a pouco, ano após ano, a tensão existente em seu lar. A presença do pai em casa era sinônimo de silêncio, nada de brincadeiras, conversas ou atravessamentos na frente da televisão. O jornal era o principal foco de sua atenção. E, na ponta da mesa, uma chibata pendurada, símbolo do seu modo de comunicação: a imposição do medo associada ao uso de poucas palavras.

Essa leitura, por anos inconsciente, a fez, dia a dia, ir trocando, sem ter a devida noção do que estava acontecendo, os sacos com balinhas que seu pai costumeira e carinhosamente deixava ao pé de sua cama, à noite, após chegar alcoolizado do bar, por balinhas oportunamente oferecidas de maneira indevida e inescrupulosa por outro alguém que morava nas redondezas.

O pai de Zaya sempre fora uma figura de personalidade forte, austera. Era muito reservado, de pouquíssimos amigos, nenhum que frequentasse sua casa. E para assegurar suas defesas, sempre muito sério, mantinha as pessoas afastadas dele, inclusive sua família. Era um homem de palavra, extremamente honesto. No entanto, incapaz de gozar de coisas que lhe proporcionassem bem-estar, mesmo tendo condições financeiras para isso. Manteve sempre os mesmos hábitos, com raras aberturas para o novo. O medo da escassez era seu pior pesadelo. E seu jeito de combatê-lo era poupar.

Nesse cenário, deu à Zaya uma criação com muita severidade e pouco diálogo. Quando bebia, ficava agressivo verbalmente, o que ocorria com uma frequência de três a quatro vezes por semana. A obediência por parte da filha, com o passar dos anos, era consequência do medo, e não mais do respeito por aquela figura paterna. Sua forma de ser pai, rígido, distante e inseguro, era uma reprodução inconsciente e diária do que havia recebido do avô de Zaya. Não poderia ser diferente, essa havia sido sua única referência.

A mãe, habilidosa na cozinha, era responsável por todas as refeições e pelos serviços de casa em geral, além da criação de Zaya. O casamento era uma relação à moda antiga. A mulher era de uma conduta ilibada. Pessoa muito querida pela comunidade, refugiava-se daquele casamento sem demonstração de amor, afeto ou carinho em sua fé.

Muito religiosa, passava grande parte do dia orando, jejuando, prestando serviço comunitário, basicamente vivia em função da família e da igreja. Essas eram as prioridades de sua vida após abandonar sua profissão de professora ao casar-se. Costumeiramente, liderava grupos de famílias, orações que ocorriam nas casas de vizinhos, cada semana em uma casa, exceto na de Zaya, pois seu pai tinha aversão a assuntos religiosos e se incomodava visível e declaradamente com as ações religiosas e solidárias da esposa. Para ele tudo aquilo era perda de tempo.

Entre um encontro e outro de oração nas casas das famílias, coisas invisíveis aos olhos dos fiéis, atos jamais passíveis de perdão, aconteciam e deixavam marcas profundas e incuráveis em algumas das crianças da rua. Infortunadamente, Zaya foi uma das crianças a ter uma mancha sangrenta irremovível em sua vida, que seguia feliz até aquele funesto período. O ato foi expressado em forma poética, décadas depois, pela criança ferida ainda existente em Zaya.

Injúria

No começo parecia afeto,
Depois mostrou-se terror.
No seu colo, desprotegida,
Me fragmentou.

Uma criança indefesa,
Cinco ou seis anos.
Sem malícia, sem barreiras.
Você roubou a infância,
Confundiu as defesas.

Longe dos olhos dos pais,
Era a vítima perfeita.
Um monstro na vizinhança
Agia à espreita.

As noites de oração em casas de família
Eram um álibi certeiro.
O sagrado da oração se tornava profano
Naquele corpo indefeso.

A mãe orava, o pai bebia e a filha se escondia.
A fé era o elemento comum.
Fé em não ser pega.
Culpada: é assim que se sente uma criança indefesa.

Presa naquele corpo molestado,
Ferido e manchado

Por um oportunista mascarado,
Invisível aos olhos dos pais e da igreja.

Em casa, o silêncio mantinha em segredo o crime e o agressor.
Os pais, ocupados, nem desconfiavam.
Fragmentados, infelizes, seguiam,
Reproduzindo o que acreditavam ser a única forma possível de viver.

Além das horas intermináveis que passava brincando na rua, intuitivamente uma estratégia de passar o máximo de tempo possível fora de casa, longe da presença imponente e autoritária de seu pai, que com o passar dos anos tornava-se mais hostil em relação àquela criança, Zaya tinha o hábito de colecionar coisas, característica de crianças que sentem a necessidade de controlar e manter tudo organizado, ao mesmo tempo que tentam montar e revelar a história não revelada pelos adultos, tornar conhecido o oculto, colocar em palavras o não dito. Isso era totalmente compreensível em um lar onde a ausência de palavras ou histórias predominava no enredo familiar.

Ela colecionava latas de refrigerante e cerveja, álbuns de figurinhas, tazos, cartões telefônicos, brinquedos-surpresa, adesivos, bolas de gude e outras coisas existentes em sua época. Contudo, não era apenas Zaya que colecionava na casa, seu pai também o fazia. Armas e dinheiro eram suas principais coleções, o que dizia muito a respeito de sua personalidade. Sua insegurança, mascarada em seus rompantes verbais e em seu discurso agressivo e ameaçador, não poderia ser mais bem representada do que por uma coleção de armas antigas e cédulas de dinheiro.

É fascinante observar a atuação do inconsciente de uma geração para outra. Zaya também se parecia com seu pai nesse aspecto. Os dois não sabiam, mas a razão de serem colecionadores tinha relação com o fato de ambos serem oriundos de lares onde pouco se sabia sobre suas origens, antepassados, hábitos, vida íntima. A coleção era um modo inconsciente de preencher esses vazios internos.

O lado positivo de uma criação em que pouco se fala e muito se percebe no corpo é o despertar da curiosidade e da capacidade criativa. Zaya passou por essa construção, apesar da presença constante do medo. Não que ela percebesse tais habilidades em si mesma. Não era o caso. Mas as pessoas ao redor notavam. Ela, na verdade, dificilmente as reconhecia.

Zaya crescia zangada e briguenta, mas, apesar do comportamento arredio e defensivo, vivenciou um episódio que somente décadas depois fez algum sentido para ela: o desabrochar de sua sensibilidade extrafísica, mais um dos temas não falados entre os assuntos da família.

Em uma tarde comum, de pé, na área de sua casa, por volta dos seus sete anos, Zaya notou algo até então nunca visto por ela. Havia um afilhado de sua mãe na casa, estavam rindo de algo que ele dissera. Ele era um adolescente brincalhão e feliz. Ela, por um momento, notou algo diferente e único ao redor do corpo dele, um pouco mais sobressalente na cabeça. Zaya, a uma distância de dois ou três metros, via cores, finas camadas, como uma linha que delineava todo o corpo dele da cabeça aos pés. A cor vermelha se destacava, era vibrante e apresentava um pequeno movimento. Ela observou por instantes e, como de costume, se manteve em silêncio. Por décadas, esse episódio ficou esquecido em sua memória, porém armazenado em seus sentidos, e, de alguma maneira, essa sensibilidade viria à tona anos mais tarde.

Familiarização com a Mongólia

Apostos, carro, motorista e guia aguardavam Zaya para dar início àquela instigante viagem. Na frente do hotel, estava estacionado um carro antigo, de pequeno porte, desprovido de cinto de segurança no banco traseiro, mas amorosamente decorado com um lindo manto feito à mão por nativos mongóis. No interior do veículo, artigos que demonstravam o amor àquela pátria: um ímã com a bandeira do país, adesivos nacionalistas, entre outros.

A essa altura já não era uma surpresa para Zaya o fato de o motorista não falar inglês. Assim, a comunicação, nos momentos de ausência do guia, seria por meio da linguagem corporal. Com o passar das horas, o trio desvelou histórias, anseios, conhecimentos, curiosidades, afinidades. A sintonia foi quase imediata, o que deixou o coração de Zaya aliviado.

O turismo personalizado e muitas vezes individual é o padrão na Mongólia. Diferentemente da maioria dos países — nos quais os turistas se misturam e têm uma experiência coletiva, em sua maioria compartilhando conduções, trocando de guias, participando de grupos diversificados de acordo com a atração a ser visitada —, na Mongólia o serviço é exclusivo para quem o contratou e não se dividem o guia, o motorista nem a condução, fato que, com o desenrolar da viagem, mostrou-se uma contribuição para o triunfo daquela expedição. Portanto, se o turista não gostar do guia ou do motorista, isso pode comprometer toda a viagem. Felizmente, esse não foi o caso de Zaya.

Os três pareciam ter se reencontrado depois de um longo período sem contato; sentiam-se amigos de longa data, esse era um sentimento comum aos três. As diferenças culturais e de idioma não representaram uma barreira para a interação entre eles.

Zaya, com sua sinceridade aflorada, qualidade nem sempre bem-vinda entre algumas pessoas com as quais cruzou ao longo da vida, na primeira oportunidade relatou ao guia e ao motorista a real razão de ter escolhido a Mongólia para visitar, e que para ela aquela seria uma viagem bem diferente do turismo convencional.

Aquela era uma viagem singular, sugerida por um índio visto por ela em uma meditação, seis meses antes, em um parque nacional na Argentina. Ao pisar o solo mongol, Zaya deparou-se com o mesmo cenário que, dentro de um vórtice, o índio lhe indicara em sua visão. Um tanto difícil de acreditar, mas era a mais pura verdade.

Até pouco tempo antes, ela nunca havia cogitado a possibilidade de visitar aquele país. E o motivo de estar ali, além do pedido do índio, era que estava interessada no contato com potenciais locais de poder (isto é, locais com elevada emanação de energia). Em meio aos seus estudos, Zaya descobrira que alguns pontos específicos da Mongólia, em especial o deserto de Gobi, representavam espécies de portais, vórtices energéticos que possibilitavam, entre outras coisas, o despertar consciencial, o acesso a memórias esquecidas.

Em outras palavras, Zaya estava em busca da reconexão com sua partícula divina e quem sabe com sua origem cósmica, para talvez assim preencher alguns de seus vazios existenciais carregados até ali. E apesar de ter estado em outros locais de poder espalhados pelo globo, a Mongólia era diferente pelo fato de que, dessa vez, ela estava sozinha.

Em síntese, o propósito daquela viagem se resumia a uma palavra: *religare*. Essa, portanto, era uma viagem de religação (ligar-se novamente à fonte criadora, à fonte primordial, à origem, ao todo, ao sagrado, ao divino). As expectativas por parte da viajante eram altas e, automaticamente, as apostas também.

Adolescência

Zaya desde muito cedo fora uma alma valente e um ser humano belicoso. Mesmo sem ter consciência disso, ela carregava um forte julgamento negativo em relação à figura feminina, ao poder do feminino. Por outro lado, exaltava de maneira equivocada o poder do masculino.

Ao contrário da infância, período em que viveu rodeada de amigos, brincadeiras de rua e diversão, sua adolescência fora bastante solitária. Para além das questões próprias de uma adolescente, talvez um agravante tenha sido a mancha impregnada em seu corpo e guardada em profundo silêncio, apenas e exclusivamente em suas memórias, por décadas. Desse modo, a adolescência de Zaya foi um período angustiante e sem sentido, difícil de viver.

Assumir a feminilidade no sentido mais puro da palavra era algo impensável para a adolescente. Isso, em seu jeito de enxergar o mundo, era admitir fraqueza e aumentar sua vulnerabilidade, e caso ela quisesse sobreviver não haveria espaço para aquilo — o que era antagônico, pois desejava partir desta existência na mesma proporção que fazia esforços para manter-se aqui. Uma briga interna entre o ir e o ficar, entre o permanecer e o esvair-se. Tudo em sua vida apresentava-se como uma verdadeira batalha, e todas começavam dentro dela mesma.

Sem saber, mantinha em si uma força masculina ferida, enquanto sua força feminina era completamente abafada, e nenhuma delas tinha espaço para florescer equilibradamente. Zaya enfraquecia-se, cada vez mais distante de harmonizar tais forças sagradas. Suas crenças equivocadas sobre ser severamente forte e sobre quão dura era a vida a mantinham em um constante campo de batalha. Ela não tinha consciência do poder que essas duas forças em equilíbrio dentro de si, o masculino e o feminino, trariam à sua existência.

Em face de suas referências masculinas, ela se apossou de um masculino distorcido, ferido, adulterado. Não percebia o quanto estava equivocada sobre a real força que precisava acessar dentro de si, o quanto estava distante do seu sagrado feminino e do seu sagrado masculino. Contudo, viver em um corpo feminino tendo atitudes e comportamentos agressivos associados a padrões de defesa foi a forma encontrada por Zaya para sobreviver em ambientes enérgicos nos quais, ainda que em um estado inconsciente, ela escolhera estar.

Outra razão para que sua adolescência se tornasse tão cinzenta era o desassossego de conviver com pais que negavam a própria infelicidade e insistiam em permanecer juntos, unidos por um compromisso assumido numa época em que, uma vez dada a palavra, não era admitido por uma ou ambas as partes voltar atrás, mesmo que isso lhes custasse seu bem-estar, sua saúde física, mental e emocional por uma vida inteira. Além disso, e talvez inconscientemente, Zaya parecia prever o episódio que estava por vir em poucos anos e que mudaria por completo o rumo da vida de toda a família.

Longe de ser uma garota popular, Zaya pertencia ao grupo dos invisíveis com relação a paqueras, namoros, envolvimentos afetivos de quaisquer espécies. E se esses apontassem no horizonte, as crenças fortemente enraizadas ao longo de sua criação em relação a relacionamentos a impossibilitariam de vivê-los de maneira saudável, harmônica ou leve.

Relacionar-se amorosamente tinha um peso tremendo na vida da garota. Por outro lado, como aluna, destacava-se pela dedicação e pelas notas altas. Dessa maneira, os estudos, com o passar dos anos, tornaram-se o seu principal refúgio. Estudar era seu melhor passatempo. Seguia o padrão dos pais, sem grandes ou pequenos prazeres. Apenas existia. Estudar era a desculpa perfeita para não ter vida social, envolvimentos, alegrias. Na sua cabeça, estudar seria o único jeito de alterar aquela realidade, sua e de sua mãe.

No auge da adolescência, com maior clareza sobre a atmosfera predominante naquele lar, seu maior desejo era a separação dos pais, desejo que manteve sempre escondido. Sobre isso, assim como sobre muitas outras coisas, não era permitido falar. Aquela era uma casa de muitos segredos e silêncios.

Outro sonho da jovem era se formar o mais rápido possível, ganhar dinheiro, garantir sua estabilidade financeira, e assim apresentar à mãe uma nova possibilidade de vida. Esse era secretamente o seu maior desejo. Salvar a mãe. Mal sabia ela quão sorrateira seria a vida. O inimaginável dobrava a esquina e, quanto a isso, nada ela poderia fazer.

Em um lar polarizado pelo acúmulo de bens, do lado paterno, e pelo fervor religioso, do lado materno, por sorte o futuro guardava um caminho alternativo para Zaya. Caberia a ela fazer uso dos recursos materiais conscientemente, para assim alcançar sua realização como indivíduo, o que levaria muitos anos para compreender.

Ainda jovem e despreparada diante do desafio que em breve bateria à sua porta, desconhecia que essa era uma das fórmulas propostas pelo universo para o seu encontro pessoal, em outras palavras, para o preenchimento de parte dos seus vazios. E por muitos anos isso não se encaixaria de maneira alguma em sua cabeça, tomada por crenças limitantes, proibitivas e castradoras. Geniosa e impaciente, seu comportamento tornava nebulosas respostas claramente apresentadas a ela pela vida.

Construídos de modos distintos, os dois pilares — o patrimônio conquistado pelo pai e a fé desenvolvida pela mãe — eram necessários para a formação de Zaya como ser pleno, feliz, completo. E somente com tais pilares enraizados, respeitados e reconhecidos dentro de si é que ela estaria apta a construir sua própria história, desenvolver seus talentos, encontrar e vivenciar o sentido de sua real existência no mundo.

Durante sua infância e adolescência, Zaya esteve sempre rodeada por animais, de codornas a coelhos, e nesse espectro habitaram galinhas, cachorros, gatos, papagaios e tartarugas, o que garantiu a ela uma fase agitada. Como reflexo dessa presença constante de animais no seu dia a dia e do fato de o pai ter um sítio e ir buscar leite todas as manhãs para que sua esposa vendesse em casa, Zaya desejou ser médica veterinária pelo menos até seus quinze anos.

A certeza quanto à profissão que exerceria no futuro mudou de repente. De uma hora para outra, ela não sabia mais qual curso faria quando chegasse a hora de ir para a faculdade. Passou alguns anos na ausência de uma certeza, até que, no início do seu terceiro ano do ensino médio, vendo um catálogo que contemplava uma gama de profissões, leu sobre o curso de Engenharia Florestal. E foi assim que o inconsciente de Zaya encontrou a brecha de que precisava para agir mais uma vez.

Ela não fazia ideia, até aquele momento, de que seu *nonno* (pai do seu pai, de origem italiana) tivera uma madeireira. Seu pai, ao atravessar o Brasil para recomeçar a vida, também iniciara suas atividades comprando e vendendo madeira e, por alguns anos, antes de Zaya nascer, também fora proprietário de uma madeireira.

Ao ler sobre a profissão, Zaya ficou encantada; parecia o plano perfeito. Ela trabalharia com árvores, o que, na cabeça de uma adolescente de dezessete anos que não se identificava muito com pessoas, seria maravilhoso: trabalhar com árvores, seres que não falavam, não reclamavam, que não a incomodariam. E foi assim que ela tomou a decisão sobre sua carreira.

Vou ser engenheira florestal. Não vou precisar lidar diretamente com o ser humano. Vai ser melhor assim, equivocadamente pensava Zaya. Mal sabia ela que aquela escolha estava predeterminada em sua linha do tempo. Essa era apenas uma entre tantas outras histórias que precisava ser limpa do inconsciente daquela família. Essa seria a terceira geração a repetir padrões familiares sem a consciência de fazê-lo.

Um mês antes de chegar à Mongólia

Era agosto de 2017, o local era o Monte Shasta, parque nacional na Califórnia, nos Estados Unidos. Aquele definitivamente era um ano de busca e construção do autoconhecimento para Zaya, uma ação consciente de ruptura com o pacote de crenças que alimentara até ali. A chegada dos trinta anos apresentara-se insaciável quanto à necessidade de encontrar um sentido para sua vida.

No Monte Shasta, Zaya se propôs a participar de um evento que ocorreu na área de *camping* SandFlat, no parque nacional, local afastado de quaisquer ruídos da comunidade urbana. Com gente de pelo menos vinte nacionalidades, atingiu-se a capacidade máxima do parque, eram quase cem pessoas no total. Os organizadores e palestrantes eram os mesmos do evento em Capilla del Monte e Talampaya, na Argentina.

Tais eventos constroem uma atmosfera de elevada frequência energética, ancorados em alimentação vegetariana, meditações, mantras, palestras ao ar livre, sem o uso de entorpecentes, em meio às intempéries da natureza.

A sutilização do campo energético individual e coletivo é um dos ideais. Por meio dela tem-se o afloramento das mais diversas linguagens de comunicação, com sonhos, visualizações em meditações, projeções astrais, desdobramentos apométricos ou o próprio xamanismo e a manifestação de elementos da natureza e de animais. A sutilização da energia possibilita, em muitos casos, enxergar o que até então estava invisível, dentro e fora de um corpo físico. É um movimento que facilita tornar conscientes aspectos inconscientes.

Há vários anos a angústia consumia Zaya ela precisava encontrar o que a preenchesse, algo que trouxesse sentido aos seus dias. Inconformada, recusava-se a aceitar que a vida era apenas uma passagem, um passeio pelo mundo dos humanos, com os quais, inclusive, ela sentia pouca afinidade. Haveria algo maior. O ser maior (em termos consciênciais) que a habitava sabia disso e a impulsionava a uma busca incessante e a participar, mesmo em tempos de esgotamento e desesperança, de eventos como aquele. Tais experiências eram para ela como recarregar a bateria.

Em solo norte-americano, um mês antes da viagem à Mongólia, sua expedição estava totalmente organizada: passagens compradas, itinerário elaborado, reservas em hotel e *hostel* pagas, pesquisa em dia, guia contratado. Os últimos cinco meses haviam sido de intensa pesquisa, leitura e meditação.

O índio visto na meditação meses antes, na Argentina, a acompanhava em seus pensamentos, e em sua mente ressoavam as palavras: *Vá para a Mongólia! Mongólia!!!* E ali em Shasta, ela queria respostas sobre a expedição que faria no mês seguinte. Precisava de certezas quanto a estar conectada a consciências de luz, afinal ela cruzaria o globo sozinha e passaria quinze dias em um país de acesso remoto, sem mencionar os hábitos culturais e alimentares distintos dos seus. Se algo ruim acontecesse por lá, ela só poderia contar consigo mesma.

Naquele evento, a mensagem veio em forma de som. Zaya ouviu a palavra *religare* enquanto dormia. Ao acordar, a palavra pulsava em sua cabeça. *Religare* é um termo originário do latim e, entre tantas traduções, significa "religar", "atender a um chamado", "reconectar-se com Deus", "reconectar-se com o divino", "ligar-se novamente". Pronto, essa era a resposta que ela buscava. Ouvir a palavra naquele cenário a fez sentir-se resguardada pelo divino, e era o que bastava.

Além disso, a jovem aprendiz queria compreender por que aquele índio aparecera criando um vórtice, pedindo-lhe que nele entrasse. Ao pesquisar sobre o significado da figura do vórtice, o universo foi literal em sua comunicação. Em uma das falas do palestrante naquele evento, ela ouviu:

— Por que são vórtices? Porque, quando o caminhante abre o coração, é um sinal de que está pronto para começar sua iniciação.

A despedida

Há acontecimentos que alteram por completo a vida de uma pessoa, tanto de maneira positiva quanto negativa. Eles podem criar um novo modo de vida, emocional e psíquico, levar a mudanças de crenças, comportamentos, interesses, valores, buscas, amizades, enfim, nada permanece como foi um dia, tudo passa a ser questionado, e muito se dissolve na linha do tempo da vida.

É como no caso de uma catástrofe da natureza: por maior que seja a tecnologia humana, o que a pessoa pode fazer diante do fenômeno é apenas administrar os estragos. Sabe-se que o ser humano não é capaz de impedir um terremoto, *tsunami* ou tornado. O que pode fazer é tentar minimizar os danos ocasionados. Isso aconteceu com Zaya. Simplesmente estava lá. Ela dormiu e acordou em um mundo diferente do que conhecia.

Zaya tinha completado dezoito anos. Estava no ano de maior exigência em relação aos seus estudos. Tinha o vestibular à vista. Precisava passar. Mais que isso, precisava passar em uma faculdade federal, caso seu pai não estivesse disposto a ajudar com os estudos. O desejo de estar distante daquela realidade era tamanho que se inscreveu para um curso a mil quilômetros de sua cidade natal, o que, considerando que nunca havia saído de casa, era bem longe. Ela queria definitivamente deixar aquele seu mundo no passado, mas nunca, nem por um segundo, imaginava que a partida de casa fosse ocorrer concomitantemente a um episódio trágico.

Apesar de rejeitar, Zaya tinha muito do seu pai em si. Cruzar fronteiras estava em seu DNA. Seu pai havia atravessado o Brasil na década de 1970 para reconstruir a vida. Segundo ele, seu pai, avô de Zaya, não havia lhe dado qualquer suporte para que permanecesse próximo à família. Ainda sem ter consciência disso, Zaya era um instrumento a serviço da alma daquela família, pois a história não resolvida na geração anterior, entre seu pai e seu avô, reproduzia-se ali novamente. Apesar de jovem, Zaya alimentava a vontade de ir para longe, construir sua história distante de seu pai.

O pai de Zaya foi um pioneiro na cidade que escolheu desbravar, cidade natal de Zaya. Enfrentou desafios que carregou em silêncio consigo por uma vida inteira. Alguns anos após adquirir certa estabilidade financeira, retornou à sua cidade de origem, se casou e trouxe sua recém-esposa, mãe de Zaya, para a nova morada, longe de tudo e de todos. Ali, sozinhos, distantes de familiares e amigos, ele tinha muito mais dela do que ela tinha dele.

Naqueles anos, tudo vinha ocorrendo como planejado na vida de Zaya, uma rotina de estudos de dez a doze horas por dia, fora o período em que estava em sala de aula, pois ainda cursava o último ano da escola. Estava aliviada por não precisar mais de desculpas para o seu constante silêncio ou isolamento social, afinal, o vestibular estava chegando, não havia tempo a perder. Ela se sentia na obrigação de garantir sua vaga na universidade federal em um curso bastante disputado, o de Engenharia.

Sua mãe continuava no ritmo de sempre. Cuidados com a família, organização da casa, serviço comunitário e igreja. Essa fora sua vida. No corpo, roupas simples, muitas vezes furadas; nos pés, alpargatas ou chinelo de dedo. O marido sempre teve carro; no entanto, sua esposa sempre andara a pé. Zaya absorvia aquela realidade com muita raiva e indignação. Sua mente não parava de julgar: *Como é possível ter um pai tão avarento e tão distante? Por que minha mãe não se separa dele? O que ela ainda faz aqui, sofrendo todas essas humilhações? Como pode tudo isso?*

Aquilo tudo era muito para Zaya compreender com sua imaturidade e pouca experiência de vida. Só com tempo e muita terapia ela seria capaz de lidar com essas feridas e esses questionamentos.

Sua mãe, que representava a base de sua existência, o alicerce da casa, era sua fonte de afeto, carinho, acolhimento e segurança. Essa mulher era a razão de Zaya se dedicar em tempo integral aos estudos, pois tudo o que via em um futuro relativamente próximo era sua mãe e ela morando na casa que compraria com seu salário de engenheira. Só a mãe e ela, bem longe das reações enérgicas do pai. Esse, contudo, era um sonho apenas de Zaya. Sua mãe nunca havia mencionado ter vontade da mudança. Era a filha sonhando pela mãe, desejosa de modificar uma realidade que não lhe dizia respeito.

Por outro lado, o que Zaya não percebia era que, silenciosamente, como tudo naquela família, sua mãe somatizara, ao longo dos anos, alguns agravantes em sua saúde, aspectos sempre menosprezados por seu pai. Apesar de jovem e sem grandes experiências, a sensação de Zaya até ali era de que seu pai sabia de sua onisciência. Era doloroso ver a mãe ser negligenciada em situações de necessidade de atendimento hospitalar.

Algumas imagens são intransmutáveis para Zaya. Uma delas foi ver, ainda criança, sua mãe deitada no chão da área de casa, com o ventilador próximo ao corpo, em um local cuja temperatura comumente estava acima dos 33 °C. Seu pai lhe dizia que ficasse quieta, que logo passaria o mal-estar. A mãe, naquele momento, estava tendo um derrame. Essas, entre muitas outras, foram memórias difíceis de ressignificar.

O agravamento da somatização de doenças por sua mãe ocorreu simultaneamente ao período em que Zaya se preparava para morar fora de casa. Foram oito meses. Zaya não sabia, mas aqueles meses representavam a despedida. Muitas foram as desavenças com o pai em razão do agravamento do quadro clínico de sua mãe. Todavia, Zaya nem por um segundo imaginou que aquele seria o fim. A despedida do corpo físico estava próxima.

Algo dentro de Zaya dizia: *Sua mãe ficará bem. Ela vai sair dessa. Ela é forte e vai superar! É só um período. Logo, logo tudo isso vai passar!* Mas, para a infelicidade de todos, a voz estava equivocada. Sua mãe morreu por causa de um aneurisma cerebral. Era uma sexta-feira, por volta das quinze horas. Zaya viu sua mãe agonizando em seu colo no caminho até o hospital. No domingo, por volta das nove horas da manhã, o médico informou o óbito.

Retratos de uma viajante

A paisagem naquele país praticamente inóspito era arrebatadora. A ausência da presença humana em massa concedia espaço para que montes e pradarias fossem contemplados por horas a fio. Campos verdes, repletos de cavalos selvagens, ovelhas e camelos, animais soltos vivendo livres. Templos exuberantes surgiam no meio do nada, trazendo perguntas: como teria sido possível construir lugares com uma arquitetura tão rebuscada sem aparatos tecnológicos, há centenas de anos?

Fora do grande centro urbano representado pela capital Ulaanbaatar, as estradas se resumiam a marcas de pneus dos veículos no solo. Não havia placas nem sinalização de qualquer espécie, tornando praticamente impossível a locomoção sem ajuda de um habitante local. Cada deslocamento entre uma cidade e outra, um monumento e outro, representava para Zaya algo único. Nada em sua vida atual poderia se comparar com os dias naquele universo particular.

Não apenas o país se fez singular, mas cada conversa, visita, refeição. Tudo exalava reconhecimento e conexão para aquela jovem aventureira. A comida foi outra experiência surpreendente. Seu paladar quase instantaneamente se reconheceu na culinária mongol. Tudo era extremamente apetitoso. Até a bebida típica do país, que causava estranhamento na maioria dos turistas, leite de égua com sal servido quente, era apreciada por seu paladar.

Além da estada em hotel e *hostel*, Zaya fez questão de passar a maior parte das noites na casa típica mongol, *ger*, uma casa redonda sustentada por vigas de madeira, de rápida e fácil montagem e desmontagem. Em sua parte externa, era de lona amarrada com cordas; por dentro, de pele de animal, para manter os moradores aquecidos no inverno extremamente rigoroso; e havia uma espécie de lareira no centro, para ajudar no aquecimento e onde se preparavam as refeições. Em geral, as *gers* são desprovidas de divisórias ou trancas nas portas.

O conceito mongol de privacidade é completamente distinto do ocidental. A porta, único acesso à *ger,* permanece apenas encostada, e é facilmente aberta por um empurrão ou pelo próprio vento. Os móveis são dispostos um ao lado do outro. As camas são próximas, e não há banheiro; essa é a casa dos nômades na Mongólia.

Todavia, as casas disponibilizadas para os turistas, em geral, são *gers* que possuem apenas camas e a lareira no centro. Não há armários, sofás ou televisão. É um local para se deitar, descansar e dormir. Um espaço de descanso até a próxima parada.

Ulaanbaatar, ou UB, como é chamada pelos locais, recebeu Zaya com afago. O primeiro dia do seu itinerário foi marcado por uma forte chuva minutos antes de sair do primeiro templo de meditação budista que visitou, Aryapala, localizado no Parque Nacional Gorkhi-Terelj, a poucos quilômetros da capital.

A água caída dos céus naquele fim de tarde foi o elemento da natureza, entre os quatro existentes (água, fogo, ar e terra), escolhido pelo universo para marcar o início da comunicação com Zaya; não à toa, a água era o elemento com o qual ela vinha apresentando maior afinidade nos últimos anos.

Esse foi um episódio que marcou Zaya, pois, segundo as palavras de alguns monges mongóis budistas, "gente boa na Mongólia faz chover". Ao ver a chuva desabando com força e abundância, Zaya sentiu seu coração exultar de alegria. Ela era só gratidão naquele momento, afinal tudo aconteceu no primeiro dia daquela expedição que a levaria a lugares sagrados.

O monastério budista Aryapala, localizado no alto de uma colina, apresenta 108 degraus. Ali Zaya aprendeu sobre a importância desse número, tido como sagrado na região. Ao adentrar o templo, foi necessário subir os 108 degraus, repetindo (como sugestão) 108 vezes o mantra *Om mani padme hum*, conhecido mundialmente como o mantra da compaixão e da misericórdia, que, em uma tradução bastante simplificada, significa "alcançar a sabedoria e aplicá-la no dia a dia".

Além dos 108 degraus, há dispostos nesse parque 108 placas com ensinamentos budistas. O número 108 também é a conta do Japamala, o cordão sagrado dos hindus e budistas. Aquele foi o primeiro contato de Zaya com o 108; entretanto, esse é um número encontrado frequentemente na Mongólia, especialmente nos templos budistas.

Há inúmeras interpretações para esse número. Nos textos védicos, o mais antigo extrato da literatura indiana, o 108 é o número em que se divide o tempo entre passado, presente e futuro. Na astronomia, tem-se o diâmetro do Sol como aproximadamente 108 vezes o diâmetro da Terra; a distância aproximada entre o Sol e a Terra é de 108 vezes o diâmetro do Sol; e a distância média entre a Lua e a Terra é de 108 vezes o diâmetro lunar.

Especialmente para os hindus e budistas, simbolicamente, completar as 108 contas do Japamala equivale a fazer uma jornada para o céu, pois 108 é o número que representa a região média entre o céu e a terra. Assim, as 108 contas do Japamala representariam um número equivalente aos degraus que levam à realidade transcendental, justificando a ideia de transformação por meio da oração, sendo o mantra a chave de acesso a essa realidade. Portanto, subir os 108 degraus entoando o mantra representa uma forma de purificação para adentrar o templo, que, nesse caso, não se limita apenas ao templo físico. E Zaya assim o fez.

Memórias póstumas

Na noite que antecedeu o óbito de sua mãe, Zaya cantou para ela, e foi assim que, sem saber, se despediu da pessoa mais importante de sua vida. A equipe daquela Unidade de Tratamento Intensivo (UTI) era sem precedentes. Viram aquela menina com cara de assustada, sozinha naquele lugar frio (sua mãe morreu em seu estado de origem), e com grande empatia à sua dor deixaram-na passar horas ao lado de sua mãe na UTI, mesmo sendo algo proibido, por estar fora do horário de visitação.

Zaya viveu um momento extremamente íntimo com sua mãe naquelas últimas horas. Quando fecha os olhos, ela facilmente retorna a ele. Ela estava de pé ao lado da cama; a essa altura sua mãe estava gelada, e cobertores haviam sido colocados sobre ela para minimizar o impacto do frio sobre o corpo desfalecido. Entubada, em coma desde a tarde do dia anterior, quando o aneurisma se rompera, nem assim Zaya chegava a suspeitar de que sua mãe não estava mais ali. Era questão de algumas horas para o médico lhe dar o informe.

Naquela situação dramática, Zaya trouxe do seu inconsciente um pedido feito pela mãe em algum momento em um passado recente. Ela havia lhe dito que queria alegria em seu velório e em seu enterro. Queria cânticos, queria ouvir hinos da igreja, desejava uma passagem com louvor. Desde que Zaya se entendia por gente, sua mãe cantava na igreja. Não fazia parte de um coral nem nada do tipo. Apenas soltava a voz e cantava com as mãos erguidas, louvando ao seu deus em todas as celebrações.

Zaya, em um ato espontâneo e incontrolável, apenas seguiu seu instinto de cantar para a mãe, mas não associou aquele gesto, ali, ao lado da cama, segurando aquela mão gelada e cantando, ao pedido outrora feito por sua mãe de ter cânticos no momento de sua passagem. Aquele foi um gesto natural, que simplesmente brotou e Zaya deixou fluir. Ela deu passagem a algo de extremo valor para aquela que era o pilar de sua vida. Zaya amorosamente sintonizou sua alma com a de sua mãe e, em meio a uma voz desafinada, com lágrimas escorrendo pelo seu rosto em um choro silencioso, cantou, e assim despediu-se inconscientemente de sua mãe.

A estrada e o caminhante

A Mongólia, vista de fora em um julgamento raso, pode ser avaliada como um local totalmente hostil. Idioma e escrita incompreensíveis aos ocidentais, pouquíssimas pessoas que falam inglês, *gers* sem trancas e desprovidas de conforto. Na área rural, não há banheiros acoplados às casas (o banheiro se resume a um buraco no chão cercado por uma casinha de madeira) e o banho é algo escasso fora da capital. Culinária exótica; estradas sem começo ou fim. A sinalização é um luxo presente majoritariamente em UB. Contudo, o país mostrou-se um verdadeiro lar para Zaya. Acolheu-a e a surpreendeu positivamente. Tudo ali inspirava-lhe segurança. Aliás, esse não era um sentimento comum em seu dia a dia. Mas na Mongólia tudo lhe parecia familiar. A consciência que habitava aquele corpo humano sentia-se confortável; era como se tivesse, literalmente, voltado para casa.

O ensinamento aprendido por Zaya sobre as estradas rurais na Mongólia tinha relação com a jornada da vida e o fato de não haver uma estrada pronta ou definida. As estradas no país surgem à medida que se dirige. O avanço era o que determinava a construção delas. O alcance do que se buscava dava-se pelo caminhar, e não por um prévio existir. Portanto, as possibilidades naquelas estepes e no deserto eram infinitas.

A Mongólia a fez perceber que, na vida, o caminho é construído à medida que o trilhamos. Não há uma estrada, a estrada é feita pelo caminhante conforme ele vai caminhando. Zaya poderia seguir caminhando pela estrada de seu pai ou de sua mãe, ou ainda pela estrada de um amigo ou alguém que admirasse. Mas sua essência, seu eu, suplicava que ela trilhasse seu próprio caminho, construísse sua própria estrada. Para isso, ela precisava descobrir, reconhecer e viver a própria verdade, a verdade do seu ser, da sua alma. E isso não seria possível se ela não olhasse para dentro de si e admitisse que a verdade de seus pais era diferente da sua.

Zaya vivia uma dicotomia profunda. Uma parte sua queria e estava fiel à memória de seus pais, enquanto a outra gritava pela busca do que era verdade para si, um processo complexo de desligamento das verdades que lhe foram repassadas como absolutas como indivíduo, filha e pessoa. Convivia com o peso do que acreditava ser inquestionável associado à necessidade de viver algo novo. O íntimo de Zaya digladiava entre essas duas forças.

Nesse contexto, as estradas mongóis a ensinaram a explorar seus anseios, a viver as infinitas possibilidades presentes na vida, a seguir mesmo quando ainda é preciso abrir a estrada, pois, apesar de não parecer, sempre se chega a algum lugar, e o percurso, então, é validado.

Reflexões póstumas

Aos dezoito anos de idade, Zaya interpretava a vida da mãe como uma verdadeira renúncia. Renúncia de sua profissão — era professora antes de se casar, mas nunca mais exercera a atividade depois do casamento —, de suas amizades, de prazeres, de vaidades, da própria vida; ela partira com pouco mais de cinquenta anos.

Era difícil para a jovem a separação da figura masculina do papel de marido, homem e pai ou da figura feminina do papel de esposa, mulher e mãe, e isso levou Zaya a julgamentos profundos sobre como deveria ter sido a vida dos seus genitores, o que resultara em rancores e mágoas alimentados equivocadamente por muitos anos.

É interessante notar que a percepção do indivíduo varia de acordo com seu ângulo de visão, com seu ponto referencial. Zaya poderia enxergar a vida de sua mãe com outro olhar, o olhar da escolha, a escolha de estar com o seu amor, de constituir uma família, de ser mãe, de acompanhar a pessoa que amava. No entanto, no julgamento dela não era assim. Mas essa era apenas uma leitura pessoal. Sua mãe nunca lhe relatou ser infeliz naquele contexto. Esse era o modo particular como Zaya lia a vida da pessoa que ela mais amava.

A vida estava desde cedo lhe mostrando que vontades, verdades, expectativas e sonhos são pessoais e intransferíveis. É um equívoco transferir para o outro ou projetar nele uma percepção pessoal sobre o correto, o desejado ou o ideal. Justamente por isso, cada um tem sua própria vida para vivê-la da maneira como sente que deve ser. Definitivamente, Zaya tinha muito a ressignificar.

Coincidentemente ou não, sua mãe, católica fervorosa, morreu em um Domingo de Ramos. Para os cristãos, essa data comemora a entrada triunfal de Jesus, no lombo de um jumento (símbolo da humildade), em Jerusalém, terra considerada santa para três religiões: cristianismo, judaísmo e islamismo.

A passagem sobre o Domingo de Ramos ensina que seguir Cristo é renunciar a si próprio. E para Zaya a vida de sua mãe fora exatamente isso, uma renúncia. A força da religião era tamanha na vida de sua mãe que ela colocara o amor ao próximo acima de sua própria existência. E em muitos momentos esquecera de si mesma. Isso, no julgamento de Zaya, era uma tremenda incoerência e distorção de valores. Afinal, Zaya ficara órfã muito jovem, o que era simplesmente insuportável e gerava uma dor incalculável e aparentemente intransponível.

Nessa data, religiosamente, há uma procissão na Igreja católica, em que os fiéis caminham por algumas ruas até chegarem à igreja onde a missa é celebrada. O sentido da procissão de ramos é mostrar a peregrinação sobre a terra que cada cristão realiza a caminho da vida eterna com Deus. Zaya, por influência de sua mãe, participara de muitas procissões como aquela. No entanto, a vida muito em breve a conduziria a outras formas de peregrinação, diferentes mundos se apresentariam a ela.

Até o momento daquela morte, os preceitos do catolicismo regiam a vida de Zaya, visto que os dogmas religiosos cristãos eram sua única referência. Mas a vida, em seu movimento natural e contínuo de transformação, a conduziria por outros rumos e diferentes verdades. O aprendizado absorvido no berço cristão fora suficiente em sua jornada. Zaya sentia que sua alma estava saciada com relação àqueles ensinamentos. Aquela partida prematura marcou o início da busca por respostas que foram criadas no âmago de sua dor, e essa busca a levou a explorar caminhos até então desconhecidos.

Zaya ainda não sabia, mas sua alma ansiava por verdades distintas das aprendidas no cerne de sua família. Era parte do seu aprendizado nesta existência sair do contexto de verdades absolutas e caminhar em direção ao relativo. Sair da verdade de seus referenciais familiares para buscar os seus referenciais pessoais. Ela não sabia também que o preço por tal busca seria tão alto, nem que encontraria desafetos pelo caminho.

Primeiros anos da separação

Incontáveis foram os momentos de solidão. Ela não percebia, mas aquela sensação era uma rica possibilidade de evocar sua própria força existencial. No caminho havia encontros e desencontros, sabores e dissabores. O autoconhecimento requeria também olhar para as questões de desidentificação com sua família e com o sistema de crenças que lhe fora transmitido. Por mais que doesse, era preciso avaliar se aquilo era funcional ou não. Uma verdadeira depuração do que não fazia sentindo para seu corpo, sua mente, sua alma, sua existência. Uma longa caminhada individual em busca de si mesma.

Na faculdade, pouco mudara com relação aos estudos. Zaya, mesmo em meio à dor, continuava sendo uma aluna exemplar e encontrava nos livros um escape para tudo aquilo com o que não queria lidar, sua orfandade materna. Sua vida foi assim por cinco anos, estudo e trabalho dentro de laboratórios na universidade. Ao final da graduação, já ocupava seu lugar no mercado de trabalho. Toda a sua energia era canalizada e direcionada para a construção de sua carreira.

Internamente, sem se dar conta, o sonho continuava o mesmo, Zaya queria ser uma excelente profissional e, com um bom emprego, garantir sua independência financeira para dar um lar preenchido com amor e carinho à sua mãe. A grande questão era que sua mãe não estava mais neste plano físico. Zaya não se dava conta de quão nocivo seria não ressignificar aquele sonho a tempo.

Manter o sonho alimentado em seu íntimo era uma representação explícita da não aceitação da morte de sua mãe. Zaya desejava que ela estivesse lá no final do curso, no grande dia, na celebração de sua formatura. Zaya recusava-se a acolher aquela dor e seguia como um computador programado para realizar uma função, produzindo sem pausas para reflexões.

No ambiente universitário, Zaya teve contato com pessoas de diferentes religiões, algumas sem religião e também ateus. Por sorte ou mérito pessoal, pessoas incríveis foram pouco a pouco surgindo e, com elas, novos hábitos, maneiras de viver, ver, ser, sentir, perceber e crer. Tais pessoas ajudaram-na a aqui permanecer, mesmo quase que constantemente desejando estar em outras dimensões não físicas.

Entretanto, nessa nova realidade, a jovem foi colocada em uma posição de reflexão sobre o que trouxera até ali como verdade; mais que isso, dolorosamente percebia e vivenciava uma perda de identidade em relação ao que trouxera do seu ambiente familiar. O conceito de uma verdade absoluta, quando nesse novo contexto ela enxergava que tudo era relativo, produzia um sentimento grandioso de culpa; pior que isso, ela tinha de lidar com a sensação de estar traindo seus pais, sua família, suas origens, seus antepassados.

A mistura de culpa com dor por um luto não aceito levou Zaya a um completo desânimo, seguido por uma depressão, agravada por pensamentos suicidas e, inclusive, tentativas contra sua vida. Esse, sem dúvidas, foi um momento dramático e limiar de sua existência.

Uma crença perigosa carregada consigo, o suicídio como forma de reencontrar alguém que aqui não mais está, colocou-a em situações delicadas. Ela passou anos cercada por esse sentimento, uma vez que desejava ardentemente reencontrar sua mãe, estar novamente com ela, abraçá-la, vê-la, senti-la. Acreditava, inconscientemente, que matando o corpo físico poderia de alguma maneira reencontrá-la. Sem dúvida, um desejo perigoso e perturbador.

A dor que sentira pela morte de sua mãe era tão visceral que, por anos, Zaya se via e se sentia em queda livre dentro de um precipício no qual nunca atingia o fundo, apenas mergulhava em direção ao seu próprio inferno, um abismo infinito, oriundo de um luto não elaborado. Assim ela se sentiu por anos, face a face com seus piores demônios, com suas sombras e seus medos. E, como forma de ressignificar essa dor, anos mais tarde, Zaya compôs a seguinte poesia.

Abismo

Volta, vem me buscar,
Eu fiquei sozinha
E aqui é frio sem você.
Minha alma viajou junto com a sua,
Em mim o que restou foi um corpo vazio e sem prazer.

Dizem que preciso continuar,
Me pergunto como ou por quê.
Eu não sei se quero ficar,
Me vejo em um abismo.
Meu corpo cai em queda livre,
O destino é o intangível, o desespero,
Desespero de viver sem você.

Sei que permanece em mim,
Mas não está aqui.
E sem ti eu não quero mais viver.

O tempo passa e eu continuo na jornada dos dias sem ti,
Tudo ao redor deixou de existir.
Minha alma não voltou para o meu corpo,
E ainda assim permaneço presa aqui.

Sei que permanece em mim,
Mas não está aqui.
E sem ti eu me recuso a viver.

Eu tive de desfazer os armários, ninguém fez isso por mim.
Me disseram que você estaria sempre ao meu lado.

Talvez sim, mas isso não seria egoísmo?
Prender aqui quem já foi?
Viver agarrada a quem se transmutou?

Sinto sua falta, eu não sei mentir.
E nada traz você de volta para mim.

As noites mal dormidas,
As comidas sem sabor,
O cheiro que não é mais o seu,
O amanhã que nunca clareou.

O corpo segue sem vida.
Minha alma atrelada à sua.
Ela nunca mais voltou.

Um pacto feito por amor,
Um pacto desfeito pela dor.
Sabíamos que seria assim,
Você para sempre longe de mim.

O reencontro às vésperas do aniversário

De volta ao hotel na capital da Mongólia, na noite que antecedia o seu aniversário, Zaya escolheu dar para si de presente uma massagem corporal, pois o cansaço gerado pelas extensas horas em voos, aeroportos e conexões ainda pulsava em seu corpo. Então, dirigiu-se até o *spa,* onde encontrou a massagista. Era uma mulher corpulenta e sorridente. A comunicação resumia-se a uma ou outra palavra em inglês, afinal, quem queria conversar quando a ideia era relaxar?

Nos minutos finais da massagem, aconteceu algo difícil de transcrever em palavras. Zaya sentiu suavemente a mudança de mãos, como se em uma fração de segundo tivesse ocorrido uma troca. Não eram mais as mãos da massagista que tocavam seu corpo: Zaya sentia as mãos de sua mãe afagando suas costas. Naquele momento, como uma reação involuntária e incontrolável, lágrimas escorreram pelo seu rosto, o coração se encheu de alegria, sua face sorriu, sua alma se iluminou, um inesperado reencontro se apresentou.

Aquela massagem levou-a de volta para um lugar desejado havia mais de uma década. Zaya sentia-se novamente em contato com sua mãe. Não poderia ter imaginado presente de aniversário melhor do que aquele. A sensação era indescritível. Zaya tinha esperança de congelar aqueles instantes e revivê-los incontáveis vezes.

Sem dúvida aquele fora um momento singular, um presente digno de ter cruzado o globo. Sentir o calor das mãos de sua mãe ali, depois de doze longos anos separadas, era algo mágico e sem precedentes. Sua mente foi tomada por memórias da infância, quando sua mãe, carinhosamente, fazia massagem em suas costas, na região de sua lombar, para aliviar dores prematuras que seu corpo, em sua sabedoria ancestral, manifestava e que representavam o peso existente naquela estrutura familiar, desde muito cedo percebido e absorvido inconscientemente pela pequena Zaya.

E o mundo do avesso outra vez

A dedicação plena aos estudos garantiu a Zaya sua primeira experiência profissional internacional. Foram dois anos, ainda na graduação, fazendo testes e se preparando para o processo de seleção. O motivo de tanta dedicação era uma vaga para voluntariar no Serviço Florestal Norte-Americano.

Determinada como ninguém, ela conseguiu a vaga. Selecionada entre candidatos de diferentes países, fez as malas e foi ao encontro de um grande sonho, a construção de uma carreira internacional, morar fora do país e estar geograficamente o mais longe possível do que acreditava causar sua dor. Em outras palavras, fugir para não lidar com o que se recusava a elaborar.

Após iniciar a faculdade, sempre cogitara internamente essa possibilidade. Construir uma carreira fora do país talvez fosse um modo inconsciente que ela havia encontrado para continuar não olhando para a morte da mãe. Apenas ir embora para o mais longe possível. Ela realmente se esforçou. No entanto, a vida tinha outros planos para ela e os apresentaria muito em breve.

Esse foi um momento ímpar em sua recém-iniciada independência financeira. Ela, apesar de jovem, entendia que a vida era um jogo de apostas. Não se pode desejar grandes ganhos e fazer apostas pequenas. A aposta deve ser proporcional ao valor do que se deseja obter. Aposte alto se quiser colheitas abundantes, essa era sua forma de pensar. Essa era a crença por trás da decisão tomada por Zaya. Naquele momento ela não tinha muito. Morava em uma quitinete, tinha uma motocicleta (seu bem de maior valor), uma bicicleta, seu primeiro meio de locomoção, e uma singela economia que usaria para arcar com os custos da viagem.

Ela se desfez de tudo, absolutamente tudo. Em poucos dias, o seu "patrimônio" foi liquefeito com o objetivo de alcançar aquele sonho. Detalhe não menos importante, Zaya fez tudo isso antes mesmo de ter recebido o visto. Vendeu seus móveis, sua motocicleta, seu violão e sua bicicleta, e o que não vendeu, ela doou. Pediu as contas do emprego. Respirou fundo e clamou aos céus por seu passaporte, que precisava chegar com o visto estampado nele. Fé e ação são quesitos essenciais para grandes conquistas, um ensinamento absorvido da história de seus pais que ela carregava.

Em sua última visita ao pai antes de sair do país, mesmo sem saber, ela se despedia de algo que acabara de conquistar: seu diploma. Seu pai, orgulhoso ao receber a filha recém-formada em uma universidade federal, aproximou-se da estante e pegou um papelzinho, era um panfleto com publicidade. Ele chamou Zaya para perto de si e lhe mostrou o papel. Para sua surpresa, ele disse:

— Olha, filha, isso é um loteamento. Estão fazendo aqui na cidade. Vamos fazer isso lá no sítio. Você cuida, porque o papai está cansado e não quer mais trabalhar.

Zaya engoliu em seco. Sentiu sua garganta queimando. Seu pai ainda não havia sido informado de que ela estava prestes a ir embora do país. Na verdade, essa era uma das razões de ela estar ali, informá-lo da sua conquista e partir, esse era o plano. Ficou claro naquele instante que o sonho dela mataria o dele. As duas coisas não poderiam coexistir, não ao mesmo tempo.

Enfim, havia chegado a hora. Os dias passavam e seu pai acreditava que o retorno da filha à cidade era definitivo. Zaya, então, respirou fundo, tomou coragem e o informou de sua decisão.

— Papai, eu não vou ficar.

Talvez essas tenham sido as palavras mais difíceis de dizer em toda a sua vida àquele homem de expressão e comportamento tão severos. Ele, como de costume, teve uma reação instantaneamente enérgica. Ela não esperava nada diferente. As horas seguintes foram de indigestão e completo silêncio. A tristeza dominou o espaço daqueles corpos e daquela casa.

Zaya tinha apostado alto. Parecia pouco, visto de fora, porém, aquilo representava tudo o que tinha. No entanto, aquele não era um dos planos presentes em sua alma. O sonho representava a manifestação do destino em sua vida, visto que ela se encontrava totalmente desconectada da sua essência, do seu sagrado, do seu verdadeiro eu. E quanto mais afastado o indivíduo está de sua essência, mais à mercê do destino ele fica. Esse fora um aprendizado doloroso.

Entretanto, a vida tem jeitos peculiares de colocar as pessoas de volta aos trilhos. Zaya vivenciou isso algumas vezes. E a desconstrução repentina do grande sonho com uma carreira internacional talvez tenha sido a mais dura de aceitar. Seis meses depois de alcançá-lo, ela o viu se dissolver por completo. A experiência foi desastrosa. Tudo saiu diferente de suas expectativas. Foi difícil assistir mais uma vez ao protagonismo da vida em detrimento do seu controle pessoal.

Poucos meses depois, ainda fora do país, Zaya recebeu a notícia de que seu pai havia passado mal e sido hospitalizado. Em questão de horas, ele falecera. Outra vez o mundo de Zaya virava do avesso!

Orfandade

Pai e filha compartilharam a mesma casa por dezoito anos, e a relação fora marcada por mágoas, raiva, contestações, incompreensão, indignação e muito julgamento por parte de Zaya, que, na época jovem e imatura, não enxergava o propósito maior por trás de sua rígida criação.

Talvez a pior parte de todas tenha sido os anos em que Zaya internamente culpava o pai pela morte de sua mãe. Aquilo era algo tão indigerível que ela precisava culpar alguém; então, seu inconsciente elegeu o pai. Quando ele morreu, cinco anos após a morte da mãe, seis meses depois de sua graduação, ela ainda carregava muitas mágoas. A relação entre os dois, naquele período que separou uma morte da outra, havia se mantido no mesmo formato: pouco contato, escassas palavras. Em resumo, um diálogo interrompido pela dor da perda. E Zaya registrou a partida de seu pai nas linhas a seguir.

O corpo se perdeu

A boca emudeceu,
O silêncio se fez presente.
O presente é frio.
O vazio ganhou espaço.
O corpo se perdeu.
A alma se foi.
O olhar se fechou.

Não há mais nada que se possa fazer,
Esse é um dos mistérios da vida
Que a humanidade se recusa a viver.
Nascer para morrer?
Ou morrer para nascer?
Como podemos saber?

Só sabemos que o agora é o que podemos receber.
Nessa jornada, o amanhã não existe.
Ainda precisamos aprender,
Muito pouco se vive
Com a loucura do enriquecer.

Jogamos fora o agora, na espera de um farto amanhecer.
Não seja estúpido, caro amigo,
Não jogue sua vida fora.
O segredo é viver,
Viver o agora,
Para usufruir de tudo
Que a vida tem a lhe oferecer.

*O*s dias passavam, sentimentos afloravam, e o retorno à sua cidade natal não era exatamente uma escolha, mas algo cabal na linha do tempo de Zaya. Ela rejeitava essa volta, mas havia muito a ressignificar. Voltar ao berço de sua história, agora órfã de mãe e pai, era uma experiência sangrenta, inimaginável, inesperada e indesejável. Contudo, a vida apresenta planos controversos e se desenha de um jeito muito peculiar. E nesse movimento, Zaya transformava em poesia a dor da sua orfandade.

Desabrigo

Assim, desse jeito,
Como volto ao começo?
Se para voltar tenho que até o fim ficar,
E ficar é uma dor insuportável que faz querer não estar?

Hoje, agora, sempre!

Tudo instiga, nada excita.
Estou confusa,
Desconheço o que sabia sobre mim.
O que foi ontem deixou de ser
E agora me deixo esmorecer.

O que fui, o que era, o que sou!
Sem definições, escolho tímida viver, sem olhar para tudo o
que desabrochou.
No silêncio.
No vazio.
No quarto.
No mundo.
Nos confins da Terra.
No claro.
No escuro.
Já não sei mais o que faço para o meu mundo voltar a sorrir.
Eu sei,
Eu não vivo mais em mim.

A vida perfeita aos olhares externos
É uma vida chapiscada, vista de perto.

Não se engane.
A fantasia fugiu com a ilusão, deixando apenas a dor da razão.
O resultado de tudo isso é uma grande frustração.

Acredito desacreditando,
Busco evitando,
Brinco agonizando,
Aqui tudo parece instável,
Frágil,
Misto,
Inacabado,
Desfigurado,
Desvigorado.

Então, me pergunto:
Razões para quê, se tudo é efêmero?
Partir para quê, se lá também é finito?
Que inquietação é essa que me persegue ao longo dos anos?
Que fuga é essa que me rouba de mim e me mete em outros planos?
Que raiva é essa que me faz sentir assim?
Que dor é essa que tira o brilho do existir?

Perguntas, apenas perguntas.
As respostas não cabem no que agora sei sobre mim.

Sinto sem viver,
Vivo sem sentir,
Tudo é escuro aqui.

A saudade dói,
Aperta o peito,
Dor que não se vê.
Remói tudo tirando o sossego,

O peito espremido respira aborrecido.
A boca seca silencia o grito,
Tudo está cedendo sedento,
Oh, vida, se for assim, me deixe deixar de existir.

Não me reconheço,
Não me olho mais no espelho,
Tenho medo.
Os meus olhos me conduzem ao que recuso, ao que é excluso.
Há uma verdade que eu não quero aceitar.
E eu sei,
Vou fazer de tudo para isso sempre negar.

O retorno obviamente não era ocasional, mas naquele momento Zaya não entendia nem aceitava nada do que estava acontecendo, e rejeitar a situação intensificava suas dores. Os porquês foram sendo apresentados dia após dia, em um processo que durou anos de convivência com o caos interno, com suas sombras e as dores de sua alma. Havia dois lutos a serem elaborados.

A vida a conduzia a uma jornada profunda de ressignificação. Sem sua família terrena, Zaya sentia uma necessidade desmedida, apesar de parcialmente inconsciente, de reconectar-se com sua família cósmica. E esse era o passo inicial para o seu recordar. Porém, diante do desconforto do que estava vivendo, não era desse modo que Zaya enxergava o movimento que o universo insistentemente fazia para recolocá-la onde ela deveria estar. Em noites maldormidas, Zaya registrava cada um de seus anseios mais profundos, e a escrita tornava-se uma de suas terapias mais reconfortantes.

Eu quero voltar

A mente insiste em questionar:
Quando tudo isso vai mudar?
Cansei de estar aqui,
Quero razões para existir.

Tudo está cinza,
Ácido,
Sem vida.
Nada me leva para onde eu quero estar,
Nada me leva de volta para o meu lugar.

Busco sem esperanças
O reencontro com o mar,
Com a luz,
Com os planetas.
O cosmos é a minha morada,
Para onde espero logo poder voltar.

Este corpo é o que me impede de voltar,
Este corpo é o que me ensina a esperar.
Nada me leva para onde eu quero estar,
Nada me leva de volta para o meu lugar.

A ânsia me consome.
Busco, sem encontrar,
Uma história que me prenda e me faça querer estar.

Os dias são como uma prisão e me forçam a enxergar que,
Por mais que eu faça, ainda não é tempo de regressar.

Quanto mais busco, mais quero voar,
Voar de volta para o meu hábitat.

A ânsia me consome.
Busco, sem encontrar,
Uma história que preencha as angústias de ser e estar.

A alma estremece, sangra, grita sem parar
Para sair desta prisão que querem que eu chame de lar.
Quanto mais busco, mais quero voar,
Voar para longe,
Para os meus regressar.

O inconsciente em ação

Zaya estava no piloto automático, reagindo a impulsos do inconsciente, sem a mínima clareza sobre questões preciosas como: *O que me faz feliz? Por que manter essa amizade? Qual é a real razão de eu ter escolhido essa profissão? Quem eu realmente quero ter ao meu lado? Isso faz sentido? É essa a vida que eu quero ter? Eu consigo sustentar essa verdade?* Perguntas que, quando feitas, podem tirar o ser humano do condicionamento de apenas reagir às situações e passar a agir perante os acontecimentos. O reagir mantém as pessoas reféns de uma série de repetições vivenciadas por suas famílias, geração após geração, presas em dramas familiares e heranças ancestrais.

Inserida nesse novo contexto, sem seus pais e com uma herança para administrar, Zaya, digladiando internamente, voltou para sua cidade natal e, em um ato de total desespero, querendo manter viva a memória de seu pai — talvez não a memória do pai que tivera, mas, sim, do pai que desejara ter —, interpretou que era o momento de realizar seu último sonho, transmitido na conversa que haviam tido pessoalmente um ano antes. Independentemente dos ganhos ou das perdas que isso representaria para sua vida pessoal e profissional, ela estava determinada a executá-lo.

Não era algo que Zaya assumia para outras pessoas, mas ela sabia que realizar o último pedido de seu pai significava para ela manter viva a memória da sua família. Era algo a que se agarrar em meio a todas aquelas desconstruções impostas pela vida. Ademais, a influência daquela figura imponente, seu pai, era tão forte que, mesmo após sua morte, a levou a mudar completamente seus planos.

Zaya, apesar de formada, não deu continuidade à sua carreira de engenheira. Trabalhou no ano seguinte à sua formatura, e foi a frustação em relação ao que idealizava e ao que encontrou no exercício da profissão, somada à decepção vivida em sua experiência internacional, que a levou a se afastar pouco a pouco da possibilidade de exercer a profissão escolhida, ao menos naquele período.

Não foram dias fáceis ou agradáveis, mas se mostraram determinantes para a reavaliação do que realmente era importante Zaya ter e fazer em sua vida. Aquela alma inquieta tinha pressa de conhecer a própria essência, desvendar os seus desígnios, realizar algo que lhe trouxesse brilho aos olhos, que aquecesse o seu coração, que alimentasse a sua alma.

O conflito entre a filha que se sentia na obrigação de realizar o desejo do pai e o ser maior que a habitava, que almejava coisas completamente distintas, era gigantesco, e um agravante era a lentidão existente no processo desse encontro pessoal. Isso a atormentava profundamente.

Inserida nesse novo contexto, não ocupando mais o papel de filha nem de estudante e com sua carreira profissional estacionada, Zaya precisava urgentemente ser outras coisas. Para além da execução do projeto, ela precisava recomeçar, encontrar uma razão para viver, algo que trouxesse sentido aos seus dias, pois não se reconhecia naquele corpo, naquela cidade, naquele país, naquela existência. E esse não se reconhecer acentuava-se a uma velocidade desconfortável.

Mas, assim como a água precisa atravessar pedregulhos e romper a terra para estar na superfície, Zaya precisava transpor sua dor e desconectar-se desse mundo e do seu corpo para seguir fluindo como a água. Por vezes, ela se refugiava na escrita, sem reconhecer naquele momento a magnitude desse refúgio. Entre uma lágrima e outra, traduzia sentimentos em palavras, criando poemas. As palavras ocupavam um espaço até então não observado por ela, que crescia dia após dia. Dessa forma, ela esvaziava diariamente seu saquinho de inquietações e angústias. Escrever havia se tornado um exercício de libertação.

Recordar

Viajando pelo espaço sideral,
Feliz a explorar
Planetas e cometas,
A luz dos sóis eu quero pintar.

Saltitante pela imensidão,
Uma centelha eu irei fisgar,
O fogo que é luz e todos viram chegar.

Para a minha surpresa,
A porta foi aberta
E eu, obrigada a pular.

A gravidade eu quis testar.
Sem paraquedas, me viram pousar,
Em solo terreno uma história começar.

Me deram um corpo chamado humano e, em seguida,
me ensinaram a falar.
À vida nova eu tive de me adaptar

Papai e mamãe se foram antes do meu desabrochar,
E agora, perdida aqui, busco razões para não deixar de brilhar.

Buraquinhos em minha alma não pude evitar.
Eu clamo por liberdade, mas eles se recusam
a vir me resgatar.
Afirmam que há um plano e que um dia eu irei recordar,
Mas até lá, sentimos muito, Zaya, você terá de esperar!

A jornada para sair do loop

O retorno à casa da família levou Zaya a buscar ajuda. Sentia-se fisicamente exausta, mentalmente esgotada e emocionalmente fragmentada. Ela admitira chegar pela primeira vez ao seu limite e aceitara que precisava digerir aqueles lutos e não daria conta de fazê-lo sozinha. Assim, iniciou seu acompanhamento psicológico e, simultaneamente, conheceu a constelação familiar.

Por meio da constelação, técnica desenvolvida pelo alemão Bert Hellinger e baseada em ordens sistêmicas — denominadas ordens do amor —, uma poderosa ferramenta usada para perceber e quebrar *loops* vividos inconscientemente e transferidos entre gerações, Zaya foi organizando em sua alma os conflitos que cercavam aquela família havia gerações, de uma pessoa à outra.

Ao invés de tornar a repetir o que fora vivido pelas gerações anteriores, sendo inconscientemente fiel aos padrões familiares, chegava a hora de trazer consciência aos processos, para, assim, ressignificá-los. Dessa maneira, ela deixaria de viver predefinições do destino em sua vida para ser verdadeiramente a protagonista de sua história.

A jornada fora cheia de tropeços, inúmeros altos e baixos. Por sorte, ela se permitia explorar novos mundos mesmo em meio à dor, imersa em sentimentos de culpa ou quando era criticada. Ela ansiava fervorosamente por encontrar algo que a fizesse querer estar neste corpo, nesta vida, nesta existência, neste planeta, e passou a usar a seu favor tudo o que chegava ao seu conhecimento.

E foi assim, explorando, ampliando a percepção sobre si mesma, sobre seu corpo, sobre sua fala, suas reações, seus impulsos, seus quereres e seus pensamentos que suas possibilidades de escolha se tornaram maiores. Escolhas em relação a como lidar com determinado evento, pessoa ou situação, como não se deixar afetar pelo que a vida trazia. E foi se entregando a esse caminho da autopercepção, do autoconhecimento, do olhar para dentro, que Zaya alçou voos rumo à sua essência, rumo ao protagonismo sobre sua vida. Aquilo marcava o início da busca pelo autoconhecimento. O autodesenvolvimento era necessário.

Foi preciso retornar para onde tudo começara, sua cidade natal, por mais dolorosa que aquela experiência pudesse ser para ela, para que assim Zaya desse início à jornada mais longa que um ser humano pode fazer em sua vida: trilhar o caminho que vai da sua mente até o seu coração.

Com a consciência adquirida nas sessões de acompanhamento psicológico, conjuntamente com cada constelação, Zaya foi gradualmente se colocando e ocupando seu papel de filha, pequena em relação aos seus ancestrais, de mulher, em sua vida, de amiga, de empreendedora, e todas as outras faces que ela desejasse protagonizar.

O restabelecimento da ordem familiar no nível inconsciente não ocorreu do dia para a noite; foram pelo menos sete anos de constelações. No entanto, o processo foi determinante para o caminhar de Zaya em direção ao seu verdadeiro eu, entregando com amor e respeito a cada um dos membros de sua família o que lhe era correspondente, levando consigo apenas o que era seu, o que lhe cabia, o que era possível carregar.

Do momento em que regressou à cidade natal até o dia em que fez as malas e se mudou novamente, foram aproximadamente quatro anos. Muitas viagens preencheram esse intervalo. As viagens eram sua válvula de escape, seu respirar e, em muitos momentos, representavam fugas. Sem elas a estada na cidade teria sido ainda mais angustiante. Sabendo disso, Zaya permitia-se viajar, equivocadamente buscando fora o que estava o tempo todo dentro dela: sua paz interior.

Xamanismo: animal de poder

Alguns anos antes de imaginar que um dia viajaria à Mongólia, Zaya se dispôs a ir a um retiro espiritual cuja programação incluía constelações familiares, práticas xamânicas e renascimento (*rebirthing*). Empolgada com a oportunidade das vivências, fez sua mala, pegou a estrada e embarcou em mais um capítulo de suas buscas.

Dentre tantos rituais existentes no xamanismo (ensinamento milenar deixado por ancestrais indígenas de diversas partes do globo e que busca a força interior e/ou o reencontro dela por meio da integração e da conexão com a natureza), tem-se o de reconhecimento e contato com seu animal de poder. Na visão xamânica, cada indivíduo tem um animal que o acompanha em sua jornada ou em parte dela, como um arquétipo, sendo esse a representação de parte do comportamento e da personalidade do indivíduo.

O animal de poder o acompanhará, o protegerá, trará *insights* e força, lhe fará companhia nas horas solitárias, sempre estará ali, como um anjo da guarda — figura de proteção na visão cristã ocidental —, só que em um corpo de animal. Ele está no mundo sutil e guarda seu protegido mesmo sem que esse tenha consciência de tal força.

Além do animal de poder, existem os animais auxiliares, aqueles que aparecerão em determinadas circunstâncias, por determinados períodos, trazendo a força necessária para a transmutação de um obstáculo, e então seguirão. Cada animal tem sua habilidade, seu ensinamento e sua sabedoria. O arquétipo traz os recursos adequados para transpor as dificuldades à medida que se apresentam.

Reconhecer se o animal é o de poder ou um auxiliar é um trabalho de autoconhecimento, meditação e intimidade, que exige tempo e disciplina.

Antes do retiro, Zaya desconhecia tal figura. Então, para sua surpresa, no segundo ou terceiro dia, foi solicitado que todos os participantes se deitassem no chão, espalhando-se por uma pequena sala. Após algumas explicações prévias sobre o trabalho a ser desenvolvido, alguém começou a gerar um som utilizando um tambor, instrumento sagrado para o xamanismo, ato que ocorreu simultaneamente a uma meditação guiada.

Zaya, que estava deitada, com os olhos fechados, inquieta e ansiosa, características presentes em seu comportamento desde a infância, aguardava a apresentação do seu animal de poder. O cenário que se apresentou em sua tela mental minutos após o início da meditação, era de uma floresta; galhos pelo chão, árvores de todos os tamanhos, em todos os estágios de formação, uma pequena trilha, folhas verdes misturadas com folhas secas, ar úmido, e Zaya caminhava devagar, pé ante pé, tentando fazer o mínimo de barulho possível. Ela estava assustada. A floresta pode ser um ambiente ameaçador quando não se sabe o que se encontrará.

Após alguns minutos caminhando por aquela mata, Zaya foi fortemente surpreendida pela presença do animal. Com um salto preciso, ele pulou e a derrubou, sem que ela tivesse qualquer possibilidade de movimento ou fuga. Ela caiu de costas, sua cabeça tocou o chão, que por sorte era macio e coberto por um manto de folhas mortas e úmidas. Não teve tempo de reagir, foi um ataque certeiro e repentino. A poucos centímetros de distância, face a face, ela praticamente tocava a enorme fuça rosada daquele animal furioso.

Aquela era a primeira vez que Zaya tinha contato visual com seu animal de poder. Através dos olhos dele, ela enxergava o mais profundo de si mesma. A tensão era grande, nenhum dos dois piscava. O olhar era fixo e revelador. O animal exalava ira, ele estava extremamente furioso. Zaya nem mais respirava, imóvel, paralisada, encurralada. Só imaginava que seria comida por ele sem qualquer possibilidade de reação.

O animal forte, grande e pesado rugia ferozmente e debruçava suas patas sobre o peito de Zaya, intensificando sua força sobre aquele corpo jogado no chão, desprotegido. Um enorme felino com força sobrenatural, enfurecido, como se estivesse diante de seu pior inimigo. E assim era, de fato: Zaya estava sendo, a si mesma, sua pior inimiga.

Aquele rugir expressava toda a ira, raiva, fúria, cólera, frustração, irritação que Zaya mantinha em seu corpo, sua mente e seu coração ao longo de sua existência. Como um canal externo ao seu corpo, tudo aquilo era exposto sem máscaras em sua face. Ela precisava entrar em contato com o que necessitava urgentemente expurgar de sua vida. E com ela não funcionaria de maneira delicada, doce ou gentil. Não naquele momento. Então, qual animal melhor do que um felino, rugindo em sua face, para fazê-la enxergar a verdade sobre si mesma?

Nem sempre o aprendizado é doce, sutil, manso. O aprendizado manifesta-se de acordo com as crenças do iniciado, e, naquele momento, Zaya ainda carregava crenças muito fortes relacionadas à necessidade de sofrer para transmutar, pensando que só pelo sofrimento alcançaria o êxito. Ela, com suas crenças, criou aquele encontro exatamente do modo como ocorreu, assustador. Tudo poderia ter sido diferente, isso só dependia do que ela alimentava dentro de si.

Xamanismo: resgate de alma

O retiro seguia. Mais práticas, outras vivências. Muita coisa sendo expurgada, revelada, trazida à consciência. Dias de profunda reflexão, ressignificação. Muita informação, mas nem tudo a mente conseguia processar. Corpo e mente estavam exauridos; por outro lado, a alma de Zaya estava feliz, seguia se despoluindo. Sua experiência seguinte, a vivência do resgate de alma, outra prática xamânica, também transmitiria fidedignamente a maneira como seu inconsciente percebia sua desconstrução familiar e existencial.

Para o xamanismo, a perda de um ente querido, uma mudança de casa ou cidade, uma doença, o término de uma relação, um acidente, enfim, momentos traumáticos, geram no inconsciente um comando para que a alma, ou um fractal dela, se afaste do corpo físico na iminência de a dor se manifestar. Isso porque, para povos indígenas, a alma não deve passar pelo impacto de uma dor tão profunda. Portanto, como um movimento de autoproteção e preservação, ela abandona o corpo físico.

Nesse contexto, quando, nas tribos indígenas adeptas dessa vertente, algum membro passa por algo semelhante, tempos depois é feito um ritual para resgatar essa alma ou o fractal que se desconectou do corpo. Esse ritual, dentro do xamanismo, chama-se resgate de alma. Isso é feito porque se sabe que, sem esse fractal, a pessoa pouco a pouco vai perdendo sua força, energia e vitalidade, podendo criar situações conscientes ou inconscientes que a levem à morte, no curto, médio ou longo prazo. Zaya estava claramente experienciando isso nesta vida.

A jornada é feita ao som do tambor. O xamã, ou a pessoa que está conduzindo o ritual, faz a viagem xamânica em busca do fractal de alma perdido, podendo encontrar um ou mais. Em um estado de consciência alterado, em transe, o xamã conversa com essas partes, negociando sua volta para o corpo físico. É um trabalho que requer sabedoria e paciência, entre tantas outras habilidades. O xamã precisa ser ardiloso para não ter partes suas presas ao tentar trazer de volta as partes dissociadas de quem está sendo atendido.

Na sociedade atual, o vazio existencial, a insônia, a depressão, a falta de motivação, a perda do sentido da vida, a solidão, a violência, o autoflagelo, tendências suicidas, entre outros, podem ser reflexo da desconexão entre o corpo físico e a alma. Zaya, em um momento ou outro, passara por algumas dessas experiências.

De acordo com os povos indígenas, o ritual contribui com a melhora porque é integrada à pessoa a pura essência do que partiu em decorrência do trauma. A pessoa se reconecta com o que existia antes, uma vez que, ao sair do corpo, a alma não se contaminou com a experiência que gerou a dor.

No entanto, isso não ocorre de modo imediato. O trabalho no plano sutil requer um tempo para ser finalizado, o qual é desconhecido. Logo, cabe ao xamã libertar as partes desconectadas ou, em algumas situações, roubadas da alma, e permitir que espíritos auxiliares existentes nos planos astrais cuidem delas até que se encontrem aptas a se integrar novamente à pessoa. E isso varia de indivíduo para indivíduo, de processo para processo, podendo ser mais rápido para alguns e mais lento para outros.

Ao ter as partes dissociadas reintegradas ao corpo físico, a pessoa volta a se sentir completa. Há um reconhecimento do ser, agora inteiro novamente. A sensação de preenchimento volta a fazer parte do seu dia a dia. Pouco a pouco, ela vai tomando posse do seu poder pessoal, e assim a vida volta a ter sentido, cor, sabor. É um processo de tempo indeterminado, mas que traz melhoras expressivas quanto ao bem-estar do ser envolvido.

Zaya estava deitada sobre um cobertor. Atrás dela, estava somente a pessoa que iria conduzir a jornada. Ele tocava o tambor, e por meio das batidas ritmadas ia se construindo uma atmosfera para o acesso ao subconsciente. Minutos depois, a imagem era clara: Zaya estava dentro daquele cenário como observadora, o que não a separava da sensação desesperadora de fuga em massa.

O cenário era novamente uma floresta, úmida e densa, árvores e cipós por todos os lados. Ela via muitos macacos, pequenos e de médio porte. Eles pulavam de galho em galho, de uma árvore a outra, agarrando-se aos cipós. De repente, eclodiu um barulho estridente na floresta, os macacos se moviam rapidamente. A impressão era que as árvores iam caindo uma sobre a outra, uma supressão florestal sem precedentes e inesperada. Outra vez, o cenário era de medo, fuga e aflição.

Atormentado, o bando de macacos fazia o que podia para escapar. Em uma ação de irmandade, gritavam desesperadamente, como se tentassem ser ouvidos por todos, para que, desse jeito, todos se salvassem. Eles se multiplicavam; se num primeiro momento eram dezenas, tornaram-se centenas e, em poucos instantes, Zaya via milhares de macacos saltitando de uma árvore a outra, em direção contrária ao barulho e à queda das árvores. O bando corria desesperadamente, deixando para trás o que até aquele momento fora seu lar. Instintivamente, lutavam para se manterem vivos.

Zaya, então, foi levada a outro local, numa cena em que ela era novamente apenas observadora. Em sua tela mental, via uma rodovia com cones em meio a uma estrada. O alaranjado dos cones era extremamente vibrante, brilhava em meio àquele asfalto negro e quente. Ela podia ver o vapor de água subindo e sentir os efeitos da alta temperatura no local. Não via nada além do asfalto e dos cones interditando a estrada. Não via carros ou trânsito. Mesmo após ter terminado a vivência, aqueles cones reluzentes não saíam de sua cabeça. Zaya se perguntava o porquê. *O que eram? O que representavam?*

Ao terminar a vivência, a pessoa que tocava o tambor compartilhou as mensagens recebidas, as imagens vistas. Por fim, ele honestamente declarou que não sabia explicar a Zaya o que ela relatara ter visto na viagem xamânica. Sua sinceridade levou Zaya a um ensinamento: na maioria das vezes, a interpretação do que se vê só pode ser feita pelo protagonista, afinal a chave que abre a porta é de posse de quem viveu a história.

Zaya sentiu-se frustrada pelo fato de a outra pessoa não ter condições de interpretar o que ela vira. Era afoita e queria respostas. Todavia, no longo prazo, isso foi fundamental para ela buscar mais intensamente o autoconhecimento, pois aprendera que os sinais estavam por toda parte, e cabia a ela, e não a outros, interpretá-los e contextualizá-los dentro de suas experiências. Assim fora sua primeira experiência com a técnica de resgate de alma, naquele retiro onde ela acabara de entrar em contato com a energia furiosa do seu animal de poder.

Terminado o retiro, era hora de voltar. Zaya havia feito a viagem sozinha de carro. Dirigir era uma de suas distrações favoritas na época. No retorno à sua cidade, Zaya, em um ímpeto, ao tentar uma ultrapassagem indevida, sofreu um grave acidente de carro. Era começo da manhã. Estava muito quente, saía vapor do asfalto.

Zaya era a pressa manifestada em um corpo humano. Existia uma aceleração desmedida dentro de si que a levava constantemente a situações de risco. Seu inconsciente ainda estava no comando. Havia muito a ser mudado, muito a ser exumado. Enquanto o que continha no inconsciente fosse astronomicamente maior do que o consciente, ela continuaria a correr sérios riscos de vida. Um perigo autogerado por crenças que ainda carregava consigo.

Mesmo que o retiro tenha sido o transformador em muitos aspectos, não fora suficiente para que ela perdesse a vontade constante de partir desta existência, o que acabou conduzindo Zaya àquele acidente. Sua avidez em chegar não se tratava de chegar ao seu destino. Era um desejo camuflado de chegar a outras dimensões, o que quase a levou definitivamente embora deste plano físico.

A visão dos cones na tarde anterior, em seu resgate de alma, fora um aviso claro e preciso quanto à sua necessidade de urgentemente desacelerar, literalmente tirar o pé do acelerador, reduzir o ritmo, aviso esse totalmente negligenciado por ela em meio ao seu intenso desejo íntimo de reencontro com sua mãe.

Desvendando o resgate de alma

A compreensão de uma experiência, uma visão ou um sonho pode levar anos para ocorrer. Isso porque, na maioria das vezes, a mensagem vem de forma metafórica. É uma linguagem codificada. Raramente recebe-se a informação de forma literal. O universo tem maneiras instigadoras de se comunicar, talvez por desejar constante atenção por parte do aprendiz. Estar atento às formas de comunicação do universo é uma espécie de treino para o despertar.

A compreensão, por vezes, exige autoconhecimento. Zaya estava ciente disso. E a respeito do entendimento sobre a visão em seu resgate de alma não fora diferente. Foram oito longos anos até ela ser interpretada em seus diversos significados. Quanto mais analisava, mais Zaya percebia que a metáfora poderia ser interpretada com vieses distintos, mas lá no fundo eram visões que se complementavam.

Sem que Zaya se desse conta, o cenário ao qual estava exposta no período daquela experiência xamânica, o resgate de alma, era uma reprodução literal de sua visão. Sua vida, como conhecera, fora completamente destruída. Seus pais estavam mortos; seu sonho de carreira internacional, dissolvido; voltara a uma cidade onde não gostaria de estar, brigando para manter seu patrimônio intacto perante ameaças iminentes. Zaya sentia-se totalmente desprotegida e assustada, assim como aqueles macacos em fuga.

Logo, uma das possíveis interpretações, a mais óbvia delas, era a de que o seu mundo, como ela conhecera, sua casa, sua família, seu trabalho, sua carreira, suas estruturas, tudo havia desabado, tal e qual naquela floresta. O seu mundo fora completamente destruído. E, assim como aquelas árvores, tudo viera ao chão.

O desespero dos macacos representava o seu. Da mesma maneira que o hábitat daqueles animais desaparecera, o seu deixara de existir. Em meio àquela completa devastação, só lhe restava ouvir seus instintos, para, quem sabe, sobreviver. Mesmo sem querer ou estar preparada, chegara a hora de buscar um novo hábitat, o que no seu caso representava construir uma nova morada, uma nova profissão, uma nova relação com a vida e com os seus.

A cena dos macacos debandando em meio à floresta também poderia ser interpretada como a expressão do símbolo fálico do seu masculino distorcido em queda. Tanto as árvores quanto os cipós e os macacos. Todos ali eram representações do masculino adoecido, assustado, que precisavam sair de cena para dar espaço a um novo modo de vida, a um novo hábitat, a uma nova forma de ser e sentir.

A simbologia presente naquele cenário poderia carregar, nas entrelinhas, a representação da morte do masculino ferido. O masculino que ela conhecera na figura do paterno, do parceiro profissional, do parceiro amoroso e da própria energia masculina presente dentro de si. A necessidade emergente da morte daquilo de que ela se apossara como sendo a única figura de força possível para sobreviver.

Presente, passado e futuro

No dia do seu aniversário, naquele país distante de casa, Zaya foi gentilmente agraciada com um pedaço de bolo e uma velinha acesa, seguindo a tradição brasileira em comemorações de aniversário. Foi muito amável por parte de Temuulen, seu guia local, depois de ouvir dela histórias de como se comemoravam aniversários em seu continente, observar que havia bolo de sobremesa no restaurante no qual almoçavam. Ao ver o bolo, ele fez questão de levar até a aniversariante um pedaço e, com Hunbish, o motorista da viagem, cantar os parabéns em mongol, selando alegremente a data mais importante da existência de Zaya, o seu nascimento.

Além de ser um dia especial por ser seu aniversário, havia outra razão que o tornava ainda mais emocionante. Zaya escolhera esse dia para se consultar com uma xamã mongol. Era uma mulher de meia-idade que realizava consultas, uma espécie de oráculo, respeitada e conceituada no país. Pessoas de outros locais, China e Coreia do Sul, por exemplo, faziam fila para ter seu atendimento.

Era uma ocasião única a possibilidade de estar com uma representante do xamanismo no local que fora o berço dessa filosofia no planeta Terra há milhares de anos, sem dúvida um evento raro, inimaginável seis meses antes. Zaya ainda não acreditava que teria essa experiência. Era como beber da fonte primária daquele ensinamento milenar com o qual ela tanto se identificava, uma oportunidade ímpar. Quando fora confirmada a possibilidade daquela consulta, Zaya transbordou de contentamento.

A viajante não fazia ideia do que esperar, mas sua curiosidade de viver novas experiências vinha sendo o motivador central de seus anos de vida. Desse modo, colocou-se no papel de aprendiz. Via aquela oportunidade como um rico aprendizado, uma vivência que poucos teriam a chance de presenciar, e sentia-se imensamente grata por isso.

Em meio a um turbilhão de sensações, ela se deu conta de algo que havia passado despercebido: fora um índio que aparecera naquela meditação pedindo-lhe que fosse à Mongólia, o que fazia todo o sentido, uma vez que o xamanismo é herança de povos indígenas e aquele era o país no qual a prática havia se originado. E ela estava indo encontrar uma nativa com descendência indígena xamânica. O quebra-cabeça estava se encaixando.

A caminho da casa da xamã, Temuulen deu-lhe algumas orientações sobre como proceder diante daquela autoridade xamânica em seu país. Zaya não sabia se aquilo a tranquilizava ou a deixava ainda mais nervosa. Chegando lá, aceitou o chá, como recomendado previamente por seu guia. Era uma bebida regular, tinha o sentido apenas de demonstrar o acolhimento da família para com os visitantes, demonstrar cordialidade entre as partes.

Após degustarem o chá, entraram todos em uma pequena sala cheia de imagens de animais penduradas nas paredes. Zaya as interpretou como representações de animais de poder, uma forma de invocar sua força no trabalho a ser feito. Havia ainda garrafas de vodca junto a caixas de leite espalhadas pelo chão.

A vodca e o leite são elementos sagrados tanto para o budismo quanto para o xamanismo mongol, principais religiões na Mongólia. Eles são usados diariamente como oferendas na maioria dos rituais e cerimônias do país. A representação dessas bebidas é tão importante para eles que a vodca típica dos mongóis é produzida a partir do leite e tem um aspecto fermentado, branco, leitoso — bem diferente das vodcas usuais ao redor do mundo, que têm coloração transparente.

A sala tinha uns três ou quatro metros quadrados, com duas cadeiras que se destinavam uma à xamã e a outra ao seu marido, que naquele momento ocupava o papel de ajudante. Os demais acomodavam-se sentados no chão frio. Zaya sentara-se de frente para a xamã, a cerca de um metro de distância. Além do marido, havia uma amiga do casal, que naquela ocasião seria a tradutora. Ela traduzia da linguagem recebida pela xamã, um dialeto local, compreendida por poucas pessoas, para o mongol. Cabia ao Temuulen traduzir do mongol para o inglês e vice-versa, ou seja, um verdadeiro telefone sem fio.

Ao sentar-se, a xamã cobriu as costas com a pele de um urso, símbolo de poder e força para o xamanismo. Ela estava revestida por adornos feitos com dentes, ossos e penas de animais. Todo esse simbolismo para facilitar a conexão com o mundo espiritual e com o sagrado, para, assim, ouvir a mensagem enviada pelos espíritos guardiões.

A instrução dada era que, após os ritos iniciais, Zaya estaria autorizada a falar e fazer os questionamentos que a levaram até ali. A consulta era embasada em perguntas feitas pelo visitante, quatro ou cinco, pois o tempo era limitado. A xamã, por sua vez, consultaria espíritos para obter o aconselhamento e os repassaria à pessoa em questão.

Uma vez finalizados os ritos iniciais, Temuulen informou a Zaya que ela podia falar. Ela lançou a pergunta e ouviu atentamente a resposta. A dinâmica estendeu-se por uns quinze minutos, o processo de tradução prolongando a obtenção das respostas. Logo após fazer três ou quatro perguntas, eclodiu o momento cabal da sessão, quando Zaya compreendeu que, havia alguns anos, não estava mais ressonante com a energia presente naquele ritual.

Ali imperavam crenças sobre a necessidade da autopunição, duros julgamentos com relação a aspectos culturais, gestos ritualísticos demasiadamente primais, que na visão de Zaya eram dissonantes com o momento atual que ela vivia, com o que ela tinha como verdade. Tal percepção a levou a agradecer pela gentileza e prestatividade do atendimento e, em seguida, para surpresa de todos, pedir o encerramento da sessão.

Todos ficaram perplexos, olhando chocados para ela, acreditando ter sido um engano de tradução, sem entender sua decisão e, de algum modo, julgando-a como rude, pois ela não estava na posição de contrariar uma sugestão daquela autoridade local xamânica, ali canalizada com consciências externas, por eles vistas como espíritos divinos.

Para Zaya aquela fora uma vivência primal, com práticas viscerais pautadas em rituais milenares presos a crenças que atribuem ao sofrimento ou ao castigo físico os caminhos para o alcance do alívio emocional, psíquico, energético e espiritual. Em outras palavras, fazendo uso da linguagem religiosa, para obter o perdão pelos pecados é preciso passar pelo calvário ou, ainda, para limpar o carma é necessário o contato com o autoflagelo, com o sofrimento, a autopunição. Isso estava no passado. Zaya havia algum tempo trabalhava para libertar-se totalmente dessas crenças pautadas na necessidade de sofrer para elevar-se espiritualmente.

A xamã, em seu modo de ver a vida, pautada em suas crenças, propôs como solução para um dos questionamentos de Zaya que ela aceitasse receber varadas com galhos secos por todo o seu corpo, pois, segundo a líder espiritual da cerimônia, essa era a recomendação dos espíritos para eliminar da jovem os maus fluidos que a levavam àquele quadro emocional.

Ao ouvir aquilo, Zaya sentiu automaticamente algo ativando-se dentro dela. Um sinal de alerta fora acionado. Era aquela a oportunidade de colocar à prova o que vinha construindo internamente, o amor por si mesma, o respeito e o acolhimento de suas sombras. Zaya não aceitava mais, não conscientemente, pelo menos, se maltratar como modo de curar algo ou algum aspecto de si. Isso naquele momento soava como loucura.

Ela estava em uma fase na qual entendera que o processo evolutivo devia ser alcançado por meio da alegria, do amor, do prazer, do gozo pela vida, ou seja, o oposto do que acabara de ouvir como sugestão. A reação de Zaya foi imediata e irredutível. Isso eram águas passadas para ela. Não era algo que ela iria aceitar. A decepção com certeza foi mútua, por parte de Zaya, com o que encontrara, e por parte dos locais, com a negativa perante a solução ritualística proposta.

Apesar de frustrante, aquela vivência fora determinante. A percepção de que suas crenças haviam mudado, de que a maneira de se tratar era outra, de que o julgamento do outro sobre sua verdade não era um problema dela, tudo isso a levara a perceber que o melhor que poderia fazer por si mesma era manter sua consciência livre. E era isso o que ela estava determinada a fazer.

Zaya, depois de anos de jornada em busca de preencher seu vazio existencial, percebia a vida como um grande experienciar. Sabia que escolhas levavam invariavelmente a consequências e que era livre para escolher, desde que assumisse o ônus ou o bônus de suas decisões.

Ela sentia que viver neste planeta como humana devia ser uma experiência regida pela consciência, e não pela culpa, pelo medo ou pela autopunição. E ao perceber que a verdade entre os presentes era algo absolutamente distinto, ela, com respeito, pediu para ir embora. Em sua percepção, as respostas dadas pela xamã a suas perguntas estavam de algum modo atreladas exclusivamente ao seu passado. Nada do que fora dito fazia sentido no momento presente, inclusive a sugestão de punição física. Zaya havia mudado.

Depois de certa insistência, afirmando que aquele seria um ritual determinante para curar sua ansiedade, eles desistiram ao perceber que Zaya não estava disposta a aceitar o que fora proposto. Deixara claro que tinha ouvido o suficiente. Bastava. Levara consigo um forte aprendizado. Não é porque algo ou alguém tem referências milenares ou ancestrais que isso trará algo efetivamente positivo à sua vida, mesmo tratando-se de uma filosofia com a qual há identificação. Era preciso discernir e impor limites, estar constantemente atenta aos sinais.

Aquela experiência não mudara a identificação pessoal de Zaya com o xamanismo, pelo contrário, fortalecera suas convicções de que, no universo, a energia se distribui em diferentes escalas: em alguns lugares, é mais densa, em outros, mais sutil. Cada lugar apresenta uma carga vibracional, e a escala presente naquela casa era dissonante do momento vivido por Zaya. Apenas isso. Cabia a ela respeitar o fato e seguir, não retroagir!

No dia seguinte, a programação era uma visita à chamada cidade antiga. E considerando o contexto do atendimento com a xamã, Zaya viu aquilo como uma ótima oportunidade de deixar na cidade antiga tudo o que ela ainda carregava e criava que estava em desconformidade com seu presente.

Depois de longas sete horas de viagem para percorrer trezentos e sessenta quilômetros, enfim chegaram ao monastério mais antigo da Mongólia. Ao lado, havia uma *ger* que inesperadamente chamou a atenção de Zaya. Depois de visitar o templo budista, se afastou do guia e foi olhar o que tinha dentro da casa. Para sua surpresa, havia um monge bem velhinho, careca, de um olho só, que transmitia uma paz desmedida em seu semblante. Havia uma mulher sentada à sua frente, atenta ao que ele dizia. No entanto, o que chamou a atenção de Zaya foram as moedas que ele tinha em suas mãos.

Na Mongólia, as moedas não fazem mais parte do sistema monetário. Eles usam apenas notas de papel. Quando Temuulen chegou à *ger*, Zaya perguntou o que era aquilo. Ela, sem saber por quê, sentia-se fascinada com o brilho no olhar daquele monge budista. Algo nele a capturara.

Temuulen calmamente explicou que se tratava de uma leitura oracular feita por meio de moedas, tradição muito antiga mantida por alguns monges budistas. Zaya, curiosa, questionou se tudo bem aguardarem para ela ser atendida. O guia amavelmente informou que não haveria problema algum, depois dali procurariam o acampamento para pernoitar e algo para comer.

Não demorou muito e chegou a vez de Zaya, que estava feliz como uma menininha prestes a ganhar um doce. O monge explicou-lhe algumas coisas, traduzidas por Temuulen; em seguida, ele preparou algo que deveria ser ofertado à terra ao lado de fora da *ger* logo após o atendimento. Em um utensílio, ele colocou o leite e, no outro, a vodca, além de algumas sementes. Zaya concordou em fazer a oferta.

À medida que Zaya fazia suas perguntas, as mesmas feitas no atendimento com a xamã no dia anterior, a expressão facial do monge se alterava. Muito simpático, ele transmitia com amorosidade o que enxergava em suas moedas, dispostas em sua mão esquerda. Uma abordagem completamente distinta de sua última referência, no dia anterior.

Zaya sentia-se plena apenas por estar no mesmo espaço físico que aquele senhor. Era algo inexplicável. Não se recordava de ter sentido isso antes. Uma presença que por si a preenchia de paz. Ali, de frente para ele, ela desejava intimamente que sua alma, seu Eu Superior, estivesse absorvendo por osmose a sabedoria e a amorosidade que ela conseguia enxergar naquele ser humano humildemente sentado à sua frente.

Em sua última pergunta, Zaya questionou quanto às possibilidades referentes ao seu encontro profissional. O monge, ao olhar para a mão, com uma nova configuração de moedas, fez uma cara de surpresa. Sua expressão era de alguém que se espantava com o que acabara de ver por não estar esperando de modo algum tal resposta. Segundos depois de se recompor da surpresa, ele disse algo que foi traduzido por Temuulen como:

— Hum... Muito bom. Muito bom. Está no caminho dela esse encontro profissional. Mas, se realmente deseja isso, terá de abrir mão de estar em família, de constituir uma família, de casar ou ter filhos. Vai precisar se dedicar exclusivamente ao trabalho. Caso contrário, não será possível.

Aquelas palavras ressoaram dentro da mente e do coração de Zaya por algum tempo. Mas o que ela definitivamente não esquecia era a feição do monge ao ver o que as moedas diziam. Fora algo marcante de modo positivo. A expressão marcara-lhe muito mais do que a resposta, ainda que a resposta fosse também positiva. Tinha provado ali da velha expressão que menciona que o corpo diz mais que a própria fala.

Antes de partirem, espontaneamente, ele acrescentou:

— Você tem cinco marcas amarelas de nascimento. Elas não estão relacionadas ao físico, e sim ao seu campo espiritual. Isso é um bom sinal.

Temuulen tentou compreender para explicar a Zaya o que aquilo representava, mas não teve muito sucesso. O monge passou uma orientação final sobre a manhã seguinte e encerrou a sessão, pois entendera que tinha dado informações suficientes. Zaya saiu reflexiva em relação à última fala do simpático monge.

Nas horas seguintes, pensativa sobre tudo que ouvira e sentira, ela percebeu que o que o ancião transmitira eram verdades condizentes com seu momento presente, com as crenças que a permeavam naquele período de vida. Era uma verdade o que o monge dissera, que ela não poderia ocupar ou exercer com excelência simultaneamente mais de um papel, ou seja, não conseguiria ser uma profissional reconhecida e, ao mesmo tempo, uma boa esposa, uma excelente mãe, uma amiga presente etc. Isso porque internamente ela não acreditava que poderia exercer vários papéis ao mesmo tempo e ser boa em todos eles. Por isso, aquela fala, naquele momento, era verdadeira. Mas isso estava prestes a mudar. Aquela era outra verdade relativa. Mais uma crença que estava com os dias contados.

Na manhã seguinte, o trio se dirigiu ao local recomendado pelo monge, um ponto considerado sagrado na cidade antiga, localizado próximo ao acampamento onde pernoitaram. A ideia era que Zaya fizesse ali uma meditação sozinha. E assim ela fez.

No momento em que estava concentrada, meditando, em conexão direta com sua essência, com seu Eu Superior, Zaya começou a ter a compreensão ampliada do que acontecera nos três dias anteriores. De repente, ela se deu conta de que vivera o passado, o presente e o futuro, exatamente nessa ordem, em três situações distintas.

O passado havia sido representado pela consulta com a xamã, dois dias antes, já que a informação concedida por aquela autoridade xamânica ia ao encontro de crenças antigas de Zaya, que não faziam mais parte de sua realidade. Por isso, tudo o que a xamã lhe dissera fora percebido pela viajante como algo do passado.

O presente manifestara-se na tarde anterior, com o amável monge de sorriso espontâneo e sincero, que pontuou uma crença limitante carregada por Zaya, de que para ser uma boa profissional teria de abrir mão de outros papéis. Essa era a forma de pensar dentro da religião budista ou do catolicismo, por exemplo. Monges, em geral, não se casam. Padres são proibidos de viver o matrimônio. Era um tanto quanto lógico aquele ancião dizer que ela só poderia ser uma excelente profissional se abdicasse da família. Essa era a vida dele, essa era a realidade do universo que ele habitava, bons monges não se casam, não têm família e seguem sua jornada sozinhos. E, naturalmente, essa tinha sido sua orientação, porque essa era a verdade dele também. Ele apenas lera no campo vibracional de Zaya algo que eles tinham em comum, uma crença em comum.

E, finalmente, o futuro, no terceiro dia, era representado por aquela manhã, enquanto ela meditava sozinha naquela colina. Livre de intermediários, em contato com seu poder pessoal, criacional e divino, acessando diretamente a fonte universal/primordial, tendo percepções, *insights*, desconstruindo crenças, ajustando comportamentos, refletindo, analisando, pensando. Naquele instante, ela reconheceu do que se tratava o seu futuro. A verdadeira forma de conexão com seu Eu Sou.

Tais experiências mostraram a Zaya que existe um reconhecimento instintivo, natural e, por vezes, inconsciente do que há em comum entre si mesmo e o outro. O outro capta sobre nós o que está ressoante dentro dele, suas verdades, crenças, julgamentos, vivências, modos de vida. Portanto, existe um reconhecimento no outro do que se carrega dentro si. Logo, deduz-se que a leitura do campo energético ou vibracional de alguém traz à tona verdades comuns para ambos os envolvidos, tanto a pessoa que tem seu campo lido quanto aquela que faz a leitura.

E fora isso que ela vivera com a xamã e o monge. Não se tratava de adivinhação ou previsões, erros ou acertos, se tratava de enxergar as verdades em comum, independentemente do período. Assim, de maneira objetiva, a vida lhe ensinava que não há nada fora, está tudo dentro, e o que o outro vê, lê ou percebe fora é simplesmente o que ele carrega como verdade dentro de si.

Uma nova morada

Com o último sonho de seu pai realizado, quatro anos depois, Zaya mudou-se para um grande centro urbano, deixando para trás algumas questões afetivas e emocionais em aberto, com as quais não tinha estrutura nem maturidade emocional para lidar naquele momento. O intuito daquela mudança física de cidade era recomeçar. Zaya queria se redescobrir profissionalmente, ou pelo menos era o que ela acreditava ser parte daquele ímpeto de mudança.

Aquele movimento, que resultara na mudança externa de ambiente, levara Zaya a dar o primeiro passo que a possibilitaria acessar seu íntimo e, em um futuro próximo, conquistar mudanças estruturais das mais diversas ordens. Olhar para dentro, se reconhecer e se aceitar de maneira nua e crua, considerando o contexto no qual estava inserida em sua cidade natal, não seria possível. Portanto, a mudança de cidade se fazia extremamente necessária. Algo dentro dela sabia disso. E Zaya decidiu dar ouvidos a esse saber.

A essa altura, Zaya tinha passado por dois anos de acompanhamento psicológico, além de práticas xamânicas e de constelação familiar, como ferramentas para lidar com seus dilemas pessoais, familiares e de trabalho. Ela se agarrava a tudo que se apresentava como uma proposta de aliviar sua inconformidade existencial, o desencontro entre seu eu, seu corpo e sua vida.

As práticas haviam ajudado enormemente a jovem em meio às adversidades que vivenciara. Disputas, conflitos e brigas internas que se materializavam diariamente em sua realidade externa. Como diz o ensinamento, tudo o que está fora é reflexo do que vive dentro. Isso era uma verdade incontestavelmente presente na vida de Zaya, embora ela ainda não tivesse tanta consciência daquilo.

A mudança requeria ousadia e coragem. O ambiente que ela tivera como referência de vida era completamente hostil. Mas ela gostava de desafios e estava disposta a viver o novo. Desse modo, não mudou apenas de cidade, mas mudou o rumo da sua vida. Afinal, algo precisava fazer sentido em sua existência, não era possível que ela não fosse encontrar algo com que se identificasse verdadeiramente. Isso a consumia.

Ela desconhecia, no entanto, que aquela decisão a tiraria do *loop* de histórias passadas, suas e de seus ancestrais. Somente a partir dali ela passava a ser protagonista de sua própria história. Não se tratava mais de imposições do destino provenientes do inconsciente majoritariamente atuando sobre sua vida. O jogo mudara. E, mais uma vez, a aposta tinha sido alta. Seria ela quem daria as cartas, e não mais o destino.

Nos anos que se seguiram, Zaya fez uma imersão em si mesma. Mergulhou para dentro das profundezas do seu eu. Viu de perto suas sombras, esteve face a face com seus monstros internos. Foi um período riquíssimo de absorção de novos conceitos, de ressignificação de valores, de acesso a diferentes realidades, de desconstrução de antigas verdades e crenças. Seus olhos se abriram para novos mundos. Seu corpo experimentou sensações até então desconhecidas. Sua mente entrou em curto-circuito muitas vezes.

Retiros, cursos, palestras, vivências, viagens, simpósios, tudo estava em seu radar. O olhar para dentro tornou-se uma obsessão por um período. Saiu de um ponto no qual se lastimava pelas tragédias vividas para o outro extremo, o de assumir a responsabilidade pelo que acontecia em sua vida. Trazer consciência aos fatos tornou-se a ordem do dia.

Zaya agora acreditava que o princípio de tudo era energia. Que o plano físico, esse habitado por ela, era apenas energia condensada. Em sua concepção, havia vida em tudo e o planeta também respirava. Ela entendia que não era um corpo humano, mas uma consciência, que aqui habitava um corpo humano. Portanto, ela não era Zaya, ela *estava* Zaya. Tudo era momentâneo e passageiro. Tudo era uma possibilidade de experienciar.

Zaya reconhecia-se muito mais no todo, em estrelas e cometas, terra e céu, plantas e animais, nuvens e chuva, luz e galáxias, Sol e Lua, dia e noite, rio e mar, cachoeira e mata, areia e lama, cinzas e fogo, água e ar, do que em sua própria raça humana.

Ela se via e se sentia como parte da natureza, que reconhecia como sendo a mais bela obra de arte do criador. E assim como tudo está em constante transformação no universo, Zaya sabia da necessidade natural de transmutar, contudo, apresentava uma dificuldade tremenda em aceitar certas transformações. Tinha consciência do extenso trabalho a fazer para reintegrar-se à fonte primordial, chamada por alguns de Deus/Jeová/Alá, entre tantos outros nomes. A propósito, Zaya não mais percebia Deus como uma consciência humana.

Pouco a pouco ela foi afinando seu sexto sentido, sua intuição. Dia a dia, foi refinando sua conexão com outras consciências. A cada passo, ia reconhecendo sua egrégora (grupo de consciências com o qual se está conectado). Era natural e ressonante, fazia-lhe bem, trazia a tão almejada paz interior, uma paz nunca antes sentida por ela.

A ideia em suas buscas era estabelecer um contato direto com o divino, com Deus. Uma linha reta de conexão com a energia criacional, com seu poder pessoal e também cocriacional. Zaya compreendia ainda que o processo de conexão era responsabilidade exclusiva de cada pessoa, portanto intransferível. E requeria sair da zona de conforto e explorar novos mundos, outras verdades.

Esse processo de autoconhecimento, que envolve reflexões, meditações, introspecção, análise, entre tantas outras coisas, resultou em belas transformações pessoais e levou Zaya a cruzar o globo algumas vezes. Não que não seja possível alcançar o autoconhecimento dentro de casa, na própria cidade ou no próprio país, em sua rotina diária, mas a força do campo magnético presente em determinados locais potencializa certos acessos e experiências. Além disso, Zaya gostava de fortes emoções e de estar em contato com o desconhecido.

Ela aprendera que estar em locais específicos ampliava o poder da intenção. Entretanto, reconhecia que feliz era aquele que, dentro de sua própria casa, conseguia atingir estados conscienciais elevados. Esse ainda não era o caso dela, por isso precisava tanto das viagens, de estar fisicamente presente em locais de poder.

Zaya aprendera com suas andanças que determinados locais eram quase automaticamente reconhecidos por sua alma, e esse reconhecimento levava a um processo de ativação de memórias, um despertar. Despertar quanto aos seus desejos de alma, quanto às habilidades que precisava desenvolver ou manifestar, aos caminhos que precisava trilhar, aos ensinamentos que precisava resgatar. E, por fim, o despertar quanto à sua origem cósmica.

Esses locais, tidos como sagrados por algumas civilizações antigas, possibilitavam uma gradual transformação energética, mental, emocional e inclusive física. Era como se o corpo, antes adormecido, começasse a reagir perante aqueles novos estímulos e/ou lugares. Por essa e outras razões, viagens tornaram-se rotineiras em sua vida, só que nem sempre fora assim.

Um dos aprendizados adquiridos em suas buscas era o fato de que o divino se comunicava de maneiras peculiares; cabia à pessoa interessada fazer a leitura da mensagem que fora enviada. A codificação é parte do ensinamento. Decifrar mostra interesse pelo buscar. As mensagens aparecem por toda parte e, uma vez percebidas e decifradas, começam a fazer sentido, como um quebra-cabeça em que, ao se conectar uma peça à outra, aos poucos tem-se a formação da figura completa.

Zaya, em meio ao turbilhão de sua experiência terrena, aprendera que o caminho do autoconhecimento requeria persistência e dedicação diária e envolvia acolher os constantes altos e baixos, angústias e medos. Mas também haveria momentos de gozo e alegrias.

E, quanto mais consciência se tem, maiores são as responsabilidades. Ademais, a liberdade do ser está associada ao estado constante de vigília. Somente se é livre quando se permanece consciente. E o exercício de estar consciente pode ser extremamente exaustivo.

Ela estava convencida de que sua verdade pessoal não precisava ser verdade para outras pessoas. Não se tratava de impor uma verdade absoluta, tratava-se de encontrar a sua verdade em vivências que ela entendia como relativas, diante da imensidão de possibilidades existentes no universo. Esse era o caminho que reconhecia como seu, e explorar o outrora desconhecido era o antídoto para em seu corpo permanecer.

Algo lhe dizia que a conexão passava por auto-observação, ação e autoconhecimento. Pilares perturbadores para uma pessoa tão reativa, intensa, afoita, rodeada por escudos quanto ela, e com uma fala e comportamentos tão carregados de defesas quanto os dela. Havia nessa decisão o reconhecimento de que ela própria teria de descobrir o curso de sua vida e que ele não poderia ser ditado por outras pessoas ou por opiniões externas. E ela expressou parte dos aprendizados desse período no poema abaixo.

Seu corpo, sua morada

Antes de escutar o mundo lá fora,
Sintonize na frequência que te conecta.
Saiba que a conexão é direta.

O seu corpo é o seu veículo de transporte
E, ao mesmo tempo, sua morada.
Se não está feliz,
Observe seus pensamentos,
Despolua-os.
De corpo não pode trocar,
Mas sua mente pode limpar.

Não há fórmula mágica ou caminho certo.
É somente estando em casa que descobrirá
O que te faz feliz,
Em qual porto atracar.

Orientações são bem-vindas.
Bons encontros você há de experienciar,
Não os deixe passar.
No entanto,
Não cabe ao outro te dizer quando ir ou qual direção tomar,
O seu caminho é único.
Olhe para dentro
Que irá encontrar.

Os quatro elementos

Desde a infância, Zaya viveu cercada pela natureza, e essa era uma ligação natural. Andar descalça pela terra ou pela grama, tomar sol, entrar no rio e na cachoeira, fazer trilhas, sentar-se ao redor de uma fogueira eram situações cotidianas e, quando não as fazia, sentia falta delas.

Somente com o passar dos anos foi que ela percebeu que, além de ser uma forma de renovar as energias, esse deveria ser seu modo de vida. O contato com a natureza fazia bem não apenas para seu corpo físico, mas para sua mente e seu espírito, era definitivamente um nutritivo alimento para sua alma.

À medida que Zaya expandia sua consciência, mais intensa tornava-se sua relação com a natureza, e consequentemente com os quatro elementos: terra, água, ar e fogo. Ela percebia que o poder regenerativo presente neles era crucial para a harmonização do seu corpo e para a conexão com o seu poder pessoal, com o seu poder cocriacional. Estar em harmonia com eles e, automaticamente, com a natureza representava estar em harmonia consigo e com a fonte primordial.

Algo que a tocou e mudou seu modo de ver a natureza foi ter a percepção de que o corpo físico também é a materialização desses quatro elementos. O ar, como principal elemento da respiração, possibilita a oxigenação do corpo. O fogo, relacionado ao calor interno, é necessário para manter a temperatura corpórea constante. A água, como principal elemento do corpo humano, é o líquido presente nas células e no sangue. E a terra é o próprio corpo físico representado pela pele, pelos órgãos, pelos músculos, pelos tecidos etc.

Em seus estudos, aprendeu que os elementos água e terra expressam a energia feminina, enquanto os elementos fogo e ar, a energia masculina. A água está relacionada às emoções e aos sentimentos; a terra, à estruturação, à solidez, à firmeza; o ar, ao pensamento, ao poder mental, às ideias; e o fogo, à conexão com o espírito, com o divino, com o sagrado.

Zaya passou por experiências transformadoras com cada um desses elementos. De cada experiência tirou aprendizados, fortaleceu-se, harmonizou-se. Percebeu que o dia a dia era mais prazeroso quando inseria em sua rotina práticas que a conectavam com esses elementos.

A partir disso, passou a comunicar-se com essas energias, descobrindo, afinal, que havia consciência nesses elementos, representados pelos chamados elementais da natureza. E quanto maior era a interação com eles, melhores eram os resultados obtidos. Aos poucos, ficava evidente que tudo está conectado no universo, que em tudo há consciência e que todos somos um, interligados por uma rede invisível.

Elemento terra

Em determinado período de sua vida, Zaya estava se sentindo tão desolada que seu único desejo era retornar ao útero de sua mãe. Ela sentia todo o seu corpo pedindo esse reencontro. Imaginava ardentemente essa cena. Era um genuíno desejo de sentir-se protegida de todas as ameaças externas que a cercavam naquele momento. Tanto desejou que foi agraciada com uma experiência cuja sensação lhe remeteu à ideia de, mesmo que por poucos minutos, resgatar a memória e a sensação de estar de novo dentro do útero de sua mãe.

Ela recebeu uma indicação para passar por um atendimento. Chegando ao local, a profissional lhe explicou o procedimento. Zaya nunca tinha passado por algo parecido. Não fazia ideia de como se sentiria. Mas, como gostava de explorar novas sensações, topou.

A profissional lhe explicou que era uma sessão de regressão, a qual se estenderia até o momento de sua concepção, na fecundação do óvulo com o espermatozoide. Usaria um áudio para induzir esse regresso no tempo. Além disso, no final, ela seria conduzida a uma banheira onde vivenciaria o objetivo daquela sessão, que era reviver o seu nascimento.

Zaya deitou-se em uma maca e a pessoa começou a passar pelo seu corpo argila umedecida, como se estivesse fazendo uma esfoliação; no entanto, à medida que passava, a argila formava uma crosta sobre sua pele. Isso se estendeu por todo o seu corpo. Foi um processo longo e repleto de sensações. De fundo, um áudio que conduzia paulatinamente a uma jornada por anos anteriores de sua vida. A cada idade mencionada, tinha-se uma nova sensação no corpo, indícios de uma memória celular ativa. O frio provocado pela argila, juntamente com a indução ao passado, criava uma atmosfera até então desconhecida pela jovem.

Não demorou muito para chegar ao período gestacional. Zaya sentiu instantaneamente que não queria vir ao mundo. Teve uma forte recusa interna em vir passar por essa experiência humana. Ela nunca havia pensado nisso, que poderia ter rejeitado sua vinda ainda na gestação. Sua mãe nunca lhe mencionara nada de anormal em sua gravidez.

Ao chegar ao sétimo mês de gestação, o sentimento teve seu ápice. Zaya se debatia na maca, sentia calafrios, e seu corpo se contorcia, respondendo independentemente de sua vontade. As memórias estavam vivas e eram acessadas instantaneamente.

Com o corpo todo envolvido por aquela camada de argila, Zaya foi conduzida a uma banheira com uma solução que era composta por água e ervas. A ideia era reproduzir seu nascimento. À medida que a argila ia entrando em contato com a água morna, tinha-se a nítida sensação da placenta se rompendo. Era visceral, profundo e ao mesmo tempo perturbador.

Zaya, a essa altura, estava em prantos. Chorava, se via e se sentia dentro do útero da mãe. Não queria sair de lá. Era seguro e acolhedor. Seu inconsciente sabia o que a esperava do lado de fora. Sob aquela perspectiva, era compreensível ela não querer vir ao mundo. Mas, àquela altura, ela não tinha mais escolha. Chegara a hora. O útero de sua mãe deixaria de ser sua morada. Ela teria de conhecer outras.

Um filme passava pela cabeça de Zaya enquanto ela chorava naquela banheira como um bebê ao nascer, sentindo a argila se descolando do seu corpo. A ruptura era assustadora. A cada centímetro de argila que se descolava do seu corpo, vivia um misto de sentir-se dentro do útero de sua mãe e, ao mesmo tempo, se despedir dele. Algo mágico de se viver.

Ao retornar para casa e questionar familiares sobre o período de gravidez de sua mãe, Zaya descobriu que, no sétimo mês de gestação, a mãe caíra no banheiro e tivera de passar por um período de repouso, precisando redobrar os cuidados com a gravidez a partir de então.

Elemento água

Entre os quatros elementos, a água era aquele com o qual Zaya apresentava maior afinidade. Sempre que possível estava em contato com esse elemento, diretamente relacionado às emoções. Zaya amava cachoeiras, rios, mares, lagos, piscinas, fosse pelo contato físico ou pela pura contemplação. A água a curava.

Em uma viagem ao Peru, em sua passagem pela cidade de Puno, Zaya pôde contemplar algo único e excêntrico: uma civilização pré-inca, chamada uros, que vive sobre o lago Titicaca, o maior na América do Sul, localizado entre o Peru e a Bolívia. O que mais chama a atenção em relação ao lago são as ilhas flutuantes.

Uros, grupo indígena que escolheu viver no lago (literalmente, em cima dele) centenas de anos atrás, o fez como uma tática estratégica defensiva na época da invasão espanhola. No entanto, o grupo permanece até os dias atuais morando no lago. A vida diária e a história dos uros são intrigantes e raras.

As ilhas e demais construções, barcos, escolas, estação meteorológica, casas e centros comerciais, como minimercados, são feitas de uma planta herbácea aquática, a totora. Quando secas, são entrelaçadas umas às outras, garantindo que as construções flutuem. Uma ilha pode durar décadas. No entanto, o processo de reconstrução das ilhas necessita de manutenção constante, e essa é uma das principais tarefas diárias dos uros.

A planta tem múltiplas funções. Além da construção, ela é utilizada na alimentação e no artesanato. Atualmente, o turismo é um meio de renda complementar para os habitantes da ilha. E foi sobre as águas do Titicaca que Zaya sentiu a magia da expressão "caminhar sobre as águas".

A sensação de estar sobre aquele lago era de arrepiar cada pelo do seu corpo. Algo indescritível, muito especial, estava presente ali. Zaya não conseguia identificar o que era. De qualquer modo, provou de seus efeitos no curto e no longo prazo.

Sendo a água o elemento que representa as emoções, aquele contato levou-a para uma autorreflexão sobre como andavam suas emoções, e o resultado foi que, três meses depois, ela desembarcava em uma ilha, a Nova Zelândia, onde não ocasionalmente passaria os cinco meses seguintes.

Elemento ar

O elemento ar era, sem dúvida, o que requeria urgentemente ressignificações. Zaya literalmente precisava de ar em seus pulmões. Precisava liberar as toxinas presentes em sua mente e seu corpo. Características duras de sua personalidade, como o controle excessivo e a respiração curta e rápida, eram fatores determinantes a serem mudados.

Essa energia do elemento ar, que gera o movimento, que faz fluir, representada por um incenso, pela brisa, por uma pena ou pelo próprio vento, também representa a força racional, e é preciso ordenar a respiração para ter equilíbrio mental, conhecimento milenar entre os orientais. Zaya, apesar de resistir, sabia disso. Dessa maneira, decidira dar um salto radical em direção a um recomeço.

Esse salto foi literal: Zaya saltou de paraquedas em sua viagem para a Nova Zelândia, num momento em que o seu equilíbrio mental estava fortemente comprometido. Com níveis de estresse elevadíssimos, decidiu que era hora de testar seus limites. Mesmo com medo de altura, chegara o momento de entregar o controle e expurgar aquele estresse de sua vida, sua mente e seu corpo.

Não havia nada mais apropriado no cenário a que estava submetida do que colocar sua vida sob os cuidados de um total desconhecido e se jogar de um avião a doze mil pés de altitude, em uma queda livre de 200 km/h. Um método um tanto quanto radical, mas que representaria a materialização do início de uma ruptura com relação à necessidade de ter um controle excessivo sobre diferentes aspectos de sua vida. Ela sabia que precisava soltar e se soltar.

Zaya estava cansada da necessidade de ter sempre o controle sobre os mais diversos aspectos, assuntos, fatores. Sua alma estava gritando em alto e bom som que às vezes era preciso se permitir ser guiada, entregar o controle, deixar ir. E, finalmente, ela decidiu começar a escutar.

Não bastasse saltar uma vez, ela saltou duas. Dois é o número que representa dualidade, polaridade, que caracteriza pessoas equilibradas, cooperativas, receptivas. Aqueles saltos representaram o início da ressignificação do seu modo de respirar. E, sem dúvida, aquilo fizera uma diferença exponencial na manutenção de suas atividades corpóreas e mentais.

O ar contém oxigênio, sem o qual o fogo não existiria. Em contrapartida, o calor do fogo expande o ar, formando novas correntes. Nesse *loop* mágico, formatando uma relação construtiva e agregadora, após encher seus pulmões de ar naquela ilha paradisíaca, Zaya se permitiu viver uma experiência transmutadora diante do elemento fogo.

Elemento fogo

𝒰ma experiência marcante e memorável. Uma vivência guiada por uma descendente dos povos kahunas, às margens do vulcão Kilauea, no Havaí. O fogo foi a primeira fonte de energia descoberta e conscientemente controlada e utilizada pelo homem. Elemento transformador, por meio de suas propriedades inerentes, luz e calor, é necessário e imprescindível para a manutenção da vida na Terra. O elemento que queima, arde, expurga, destrói. Por meio de sua simbologia, Zaya pôde transformar aspectos não mais desejados em sua vida e em sua personalidade.

Um ritual à beira de um vulcão em plena atividade, onde há um fluxo contínuo de emissão de lava desde janeiro de 1983. Borbulhas, fumaça e enxofre emanavam do fundo de sua imensa cratera constantemente. Aquela se tratava de uma experiência sobre a necessidade de destruir velhas crenças para recomeçar a partir do zero, a partir de um terreno limpo, de uma mente despoluída.

Kilauea é o mais novo dos vulcões que emergiram e contribuíram para a criação do arquipélago havaiano, atualmente localizado no Parque Nacional de Vulcões do Havaí, disposto na maior ilha entre as sete de maiores dimensões territoriais, Big Island. Kilauea é hoje o vulcão de maior atividade ali e um dos vulcões ativos mais visitados do mundo.

Na tradição local, acredita-se que o vulcão seja habitado por uma deidade chamada Pele. Na mitologia havaiana, Pele é a deusa do fogo, da luz, dos vulcões, da dança e da violência. As lendas e cantos tribais da região afirmam que, toda vez que a deusa fica irritada, o vulcão entra em erupção. Pensando dessa maneira, Pele é uma deidade muito parecida com a aventureira protagonista desta narrativa, cheia de irritação e prestes a explodir a qualquer momento.

Zaya, de pé, próxima à cratera, fechou os olhos por um instante e sentiu a força transformadora daquele gigante da natureza. Era chegada a hora de romper com velhos padrões, paradigmas e estruturas. Ela podia sentir o fogo queimar dentro e fora. Uma alma entregue à transformação, clamando pela transmutação de aspectos sombrios. Uma nova combinação se fazia necessária. A velha forma de existir não mais se encaixava.

Com os pulmões cheios e o peito inundado pela ânsia da transformação, Zaya começou a lançar na cratera pequenas pedras que estavam espalhadas próximas a seus pés. Cada pedra arremessada naquele vulcão era uma intenção, o pedido de um corte com determinada ideia, sentimento, memória ou característica.

Seu braço lançava para a frente, cada uma daquelas pedras, até que, em determinado momento, uma força a tomou e o braço lançou para trás a pedra que estava em suas mãos. Simultaneamente ao movimento do braço, uma voz falou em sua cabeça: *Isso está no passado, não faz mais parte do seu presente.*

Foi de arrepiar o corpo. Seria o espírito de Pele informando a Zaya que ela havia alcançado aquela libertação? Pele ou qualquer outra consciência de luz existente neste universo, não importava. Realmente relevante era o fato de que internamente Zaya sentiu que algo mudara. Que o poder da sua intenção, aliado à força transformadora do fogo, ali representada por aquele vulcão, agira em seu favor.

Mais uma vez, seu comprometimento e sua força de vontade manifestaram o novo. Criara infinitas novas possibilidades. Não estava condenada a viver no passado nem presa a aspectos que haviam deixado de fazer sentido em sua vida. E a partir daquela, todas as outras pedras arremessadas seriam lançadas para trás, simbolizando que tudo aquilo fazia parte do passado. O presente seria construído a partir de novas verdades.

Quatro em um

$\mathcal{F}$ogo, água, terra e ar, os quatro elementos reunidos em um só ritual. Temaskal, a ressignificação do ser integrando-se às forças da natureza, um ritual de origem indígena para purificação do corpo e do espírito. Um legítimo detox para o corpo e para a alma que ocorre por meio do comungar com os quatro elementos.

Em um sítio por onde passava um rio com águas geladas, em um dia de sol, com temperatura ultrapassando os 35 °C, num lugar silencioso, resguardado dos barulhos da cidade, dentro de uma tenda feita de algodão, cuja estrutura era composta por varetas, com um buraco ao centro, havia um grupo de aproximadamente quinze pessoas, composto por adultos e adolescentes. Do lado de fora, uma fogueira na qual esquentavam-se pedras durante a noite toda para serem usadas no centro da tenda, onde seria produzida uma espécie de sauna com o uso das pedras quentes e uma solução feita com ervas.

A experiência era dividida em quatro intervalos de aproximadamente quinze minutos cada. Eram quinze minutos dentro da tenda, sendo submetido à crescente elevação de temperatura, seguidos por um mergulho nas águas geladas do rio que corria ao lado. O ritual se repetia quatro vezes. Entre um tempo e outro, apenas poucos minutos para baixar a temperatura, que na tenda chegava a mais de 50 °C.

Cada intervalo representava uma fase da vida, começando pela infância, seguindo para a adolescência, passando pela fase adulta e finalizando na velhice. Por meio de uma meditação conduzida, em meio ao aquecimento progressivo da tenda com o uso das pedras quentes e da solução com ervas, Zaya viveu uma experiência transcendental que trouxe consciência sobre o que precisava ser ressignificado em si mesma.

Cada fase da vida que visualizava, sentia, acessava, trazia um sentimento, uma sensação à tona. Era interessante como, à medida que o corpo ia sendo desintoxicado, a mente se acalmava pouco a pouco perante aquela sensação de sufocamento. Conforme a temperatura se elevava, o ar lhe faltava. O espaço na tenda era limitado, as pessoas ficavam encostadas umas nas outras. E quando ficava quase impossível respirar, a saída era aproximar o nariz da terra; essa era a forma que possibilitava respirar.

Uma vez recuperado o fôlego, voltava-se à postura sentada, com coluna ereta, pernas cruzadas e braços soltos ao redor do corpo, voltando a atenção à meditação e aos mantras que direcionavam aquele ritual. Concentrando-se no que aquela narrativa despertava em seu corpo, sua mente e sua alma.

O resultado dessa experiência altamente impactante ao corpo físico, submetido a choques térmicos e uma desidratação intensa, é a redução expressiva da aceleração mental e física, uma forte ressignificação em relação a cobranças pessoais e um relaxamento físico que perdurou por algumas semanas em Zaya, além da sensação de ter tomado o melhor banho de sua vida, pois sentia seu corpo constantemente limpo. Era uma sensação de limpeza profunda até então nunca acessada por ela. A limpeza ocorrera de dentro para fora, ela podia sentir seus poros respirando melhor.

Experiências como essas levavam Zaya, minuciosamente, a harmonizar a presença dos quatro elementos em seu corpo, e assim ter sua vida pouco a pouco harmonizada, constatando dia a dia que o que se vive fora é apenas reflexo do que se carrega dentro, ou seja, a realidade de cada ser humano é resultado de seu interior, de suas crenças, de suas verdades, de seus pensamentos. Não existe mundo organizado fora de si se dentro está uma bagunça. É preciso organizar primeiro dentro para experienciar uma realidade harmônica fora. Essa reconexão com a natureza marcava a retomada do gozo de Zaya pela vida.

Mistérios na terra do céu azul

Na Mongólia, tudo continuava em perfeita harmonia. Em poucos dias, Zaya descobriu que o motorista era um mestre de meditação; ele havia se curado de um câncer após a esposa ter ido embora fazendo uso exclusivo da técnica. Aquilo reverberou fortemente no coração da jovem, gerando reflexões profundas sobre o quanto ela ainda precisava conhecer sobre o poder da autocura presente no corpo humano.

Passaram, então, a falar sobre tipos de meditação. Zaya falava em inglês com Temuulen, que traduzia em mongol para Hunbish. Hunbish falava em mongol com Temuulen e, finalmente, Temuulen traduzia para o inglês para Zaya. Esse era o preço de estar naquela terra sagrada e não falar o idioma local. Mas, no fim, eles se entendiam — prova de que não há empecilhos quando as pessoas realmente desejam se comunicar. Zaya, em meio àquela vivência, aprendeu que a comunicação ocorre na alma, transcendendo a fala.

Empático com as buscas da viajante, Hunbish se predispôs a ensiná-la e propôs alguns exercícios meditativos. Zaya vibrou com a ideia, era tudo o que ela queria ouvir. Aceitou de imediato. Afinal, aprender sobre o uso do poder da mente em favor do bem-estar físico, psíquico e emocional era algo ansiado pela aventureira, estava diretamente relacionado ao poder cocriacional que ela tanto buscava.

Durante os translados entre um ponto e outro, nas noites fora de UB, Temuulen e Hunbish faziam companhia um ao outro, portanto dormiam na mesma *ger*. Zaya, por sua vez, dormia em uma *ger* separada, sozinha.

Certa manhã, Temuulen se aproximou e relatou experiências da noite anterior com Hunbish. Estava com o rosto assustado, como alguém que se recusava a acreditar no que ouvira. Mencionou que Hunbish tinha a capacidade de ver *ghosts*, essa era a palavra que ele usava para se referir à capacidade de Hunbish de acessar outras consciências ou planos por meio do desdobramento quântico ou de projeções astrais. Mal sabia Temuulen que esse era um dos temas de interesse de Zaya. Aos poucos, o motorista mostrava que sua contribuição àquela viagem ia muito além de transportá-los fisicamente de um ponto a outro. O transporte se daria também no campo sutil, vibracional.

Zaya seguia questionando ambos sobre os mistérios existentes naquele país. Então, ela aproveitou uma noite estrelada, na qual estavam os três deitados no chão sobre as estepes, aquecendo-se ao redor de uma fogueira feita com esterco (ela não tinha conhecimento prévio de que apenas com o uso de esterco era possível fazer fogo, descoberta que achou surpreendente), para revelar conhecimentos omitidos até aquela altura.

O que Zaya decidira compartilhar era a existência de uma lenda que falava do poder mágico de uma pedra chamada chintamani (uma das traduções possíveis para o nome é *chinta*, "pensamento profundo", em sânscrito, e *mani*, "joia preciosa"), que podia ser compreendida como a pedra do pensamento, capaz de criar aquilo no que se crê.

Chintamani seria uma pedra vinda do espaço, de coloração verde, supostamente guardada há milhares de anos por seres intraterrenos no deserto de Gobi, mais precisamente no centro subterrâneo do monastério Khamar.

O monastério Khamar fora fundado em 1820 pelo lama mongol Danzan Rabjaa, sendo a escolha do local atribuída a elevados padrões vibracionais. As evidências da existência e do poder da pedra chintamani encontravam-se ocultas em obras de arte pintadas pelo russo Nicholas Roerich. Para Temuulen, autodenominado "caçador de fantasmas", essa pareceu uma história instigante. Ele afirmou nunca ter ouvido nada a respeito.

Danzan Rabjaa é tido como um santo na Mongólia, alguém que fazia milagres à luz do dia, segundo relatos dos locais. Os mongóis o mencionam com respeito e estima. É parte importante da história da Mongólia, assim como Chinggis Khaan. Diante de sua representatividade, construiu-se um museu na década de 1990 para manter vivas as suas memórias. A visita ao local fazia parte do cronograma da viagem de Zaya.

Segundo relatos, a pedra fora trazida e guardada em regiões remotas do planeta. De tempos em tempos mudavam sua localização. A pedra teria a capacidade de transportar quem tivesse posse dela ao tempo real do universo, tempo diferente do da existência humana, proporcionando uma espécie de viagem no tempo, sem necessariamente esse tempo pertencer ao passado, ao presente ou ao futuro. Por isso, deveria ser mantida oculta, para evitar que caísse em mãos erradas.

Atualmente, há informações de que essa pedra cósmica, que segundo a tradição xamânica da Ásia Central é capaz de ativar processos importantes na humanidade, não se encontra mais no deserto de Gobi, e sim em uma montanha em outro continente. Contudo, isso não foi um fator desmotivador para Zaya. Mesmo tendo essa informação, ela escolheu estar naquele lugar.

O monastério Khamar guarda muitos mistérios, grande parte ainda mantidos em segredo pelos monges budistas mongóis. E a razão de sua construção, no exato local em que se encontra, em meio ao quarto maior deserto do mundo, deve-se, segundo Danzan Rabjaa, ao fato de esse local conter a porta que leva a Shambala, cidade invisível mencionada em antigos textos indianos, como o *Mahabharata*, e em escrituras tibetanas.

Shambala, no imaginário popular, é uma cidade, um local físico, no qual habitam seres de luz. Contudo, *shambala* significa em sânscrito "lugar de paz" ou "lugar de silêncio". Pode se tratar, portanto, não de um local físico, e sim de um estado de espírito, potencializado em locais de poder espalhados pelo planeta. E o monastério Khamar representa um desses vórtices de luz na Terra. A chave para acessá-lo, apesar de parecer simples, não deve ser subestimada, pois requer ter um nível alto de sensibilidade ou ser um predestinado. Segundo alguns monges budistas mongóis, a porta escolhe quem irá se conectar.

De acordo com relatos de pessoas de reputação inquestionável conhecidas por Zaya, a passagem pela porta mostra coisas referentes ao passado, ao futuro ou de realidades paralelas. A pessoa que acessa a passagem é exposta a informações de sua alma. Pode ser uma grande oportunidade para o recordar. Um verdadeiro chamado ao despertar consciencial.

A ideia do imaginário popular sobre a porta invisível no monastério Khamar de certo modo dialogava com o poder atribuído à pedra chintamani. Ambas possibilitariam a quem tivesse o contato com uma delas a experiência em uma realidade atemporal, e isso era suficientemente atraente para a aventureira Zaya.

Dessa maneira, os três, deitados e carinhosamente acolhidos pela mãe terra (Pachamama/Gaia), contemplando o mágico poder de transmutação do fogo, naquela exuberante noite de outono, admirando o esplendoroso céu estrelado acima de suas cabeças, compartilhando histórias e construindo memórias, encerraram mais um precioso dia daquela inesquecível e contagiante jornada.

Pedras: propriedades e registros

Em meio às buscas pela sua verdade, Zaya passou por muitos cursos, estudos e viagens. Foram anos de experimentação de técnicas. Ela usava a si mesma como cobaia nas mais diversas situações. A morte de sua mãe gerara um buraco impreenchível que ela ansiosamente estava obstinada a tapar. Logo, se visse algum sentido em determinada técnica ou experiência, lá estaria ela vivenciando-a.

Zaya escolheu não retornar ao caminho das religiões; estudou os fundamentos de algumas, mas decidiu que sua busca iria além de dogmas. Então mergulhou no universo de técnicas e práticas integrativas, permitindo-se explorar diferentes culturas e modos de vida distintos do seu. A essa altura ela já tinha passado por estudos de astrologia, projeção astral, sonhos, apometria, barras de *access*. Havia experienciado sessões de regressão, microfisioterapia, reiki, vivências xamânicas, entre outras.

Em uma dessas experiências, Zaya descobriu o poder de cura das pedras, que muitos chamam de cristais. Para Zaya, era mais familiar o nome "pedra". Ela não se recordava com precisão de quando a ligação havia começado, mas o encontro com uma xamã no Peru, em uma viagem feita exatamente um ano antes de ir à Mongólia, também com o intuito de celebrar seu aniversário em uma atmosfera de conexão e autoconhecimento, a acentuara fortemente.

Um dia antes de ser apresentada à pedra do coração, meteorito que caíra em uma região do Peru e era de uso comum por xamãs locais por seu conhecido poder na dissolução de mágoas e ressentimentos, Zaya recebeu de presente uma leitura oracular feita por meio do uso de folhas secas de coca, durante uma viagem de trem, ao percorrer as extensas e pedregosas margens do rio Urubamba. O oráculo feito com folhas de coca é uma prática comum na região, realizada geralmente por indígenas ou seus descendentes, o que era o caso daquela xamã.

Zaya nunca ouvira falar daquela forma de oráculo, mas, diante do que vira naquela viagem, a técnica não era de todo uma surpresa. Para os nativos dos Andes, a coca é considerada uma planta sagrada, apontada como a síntese das plantas de poder, comumente usada em rituais e cerimônias xamânicas no Peru e facilmente encontrada no país.

Carregada de significação cultural, a folha de coca é de uso tradicional dos povos andinos. Eles mascam sua folha ou ingerem seu chá rotineiramente. Tal consumo serve para amenizar a fadiga provocada pelos efeitos da altitude, controla sensações de fome e sede, aumenta a disposição física e, ademais, ajuda a suportar o frio das regiões da Cordilheira dos Andes.

Para os xamãs, a folha de coca é uma medicina de cura. Portanto, compreendendo sua importante e sagrada representatividade local, Zaya ansiosamente aguardava para ouvir o que aquelas três folhas de coca escolhidas por ela, retiradas de um saquinho repleto de folhas secas, carregado pela xamã para consumo próprio, também uma prática local, expressariam sobre sua existência.

O número de folhas escolhidas para a leitura é três porque, segundo a xamã, uma representa o passado, outra, o presente, e outra, o futuro. Zaya podia escolher, de acordo com o formato e o tamanho de cada folha, qual representaria determinado período. A xamã pediu a ela para dispô-las em sua frente na seguinte ordem: passado, presente e futuro, uma vez que a explanação seguiria os fatos de acordo com a cronologia do tempo.

Após dispô-las como pedido, Zaya observou atentamente os movimentos seguintes da xamã. A mulher assumiu uma postura de serenidade e atenção. Pegou a primeira folha nas mãos, passou-a pelos dedos, como se tentasse sentir sua textura, e em seguida afastou-a a uma pequena distância do seu rosto, passando, então, a observar cada nervura da folha. Esse processo se repetiu com cada uma das três folhas. Uma vez finalizado, a xamã colocava de volta a folha sobre a mesa.

De forma doce, porém sucinta, ela relatou que no passado alguém tinha partido o coração de Zaya, e que a forma de seguir adiante era perdoando essa pessoa, limpando as mágoas ainda existentes. Essa, portanto, era sua tarefa no presente, perdoar, para que assim, no futuro, ela pudesse encontrar o que procurava no mais íntimo do seu ser.

A xamã dizia com solidez:

— Você precisa perdoar, Zaya. Perdoando vai chegar ao que procura. Pare de procurar, e então isso vai chegar até você!

No dia seguinte, a xamã se disponibilizou a ir com Zaya até o mercado, uma espécie de feira local, no qual havia a possibilidade de encontrar a pedra mencionada por ela na leitura. Foram caminhando juntas, pois o mercado era perto do local onde Zaya estava hospedada. Lá encontraram pedras macho e fêmea, também uma referência desconhecida por aquela aventureira. Ela não fazia ideia de que pudesse existir tal referência a pedras. Enfim, a xamã, com muita disposição, mostrou a Zaya algumas pedras que informou serem fêmeas e a deixou fazer sua escolha.

De posse da pedra e de volta ao Brasil, as palavras da xamã ressoavam em seu peito. Zaya aguardava o próximo período da lua cheia para fazer o elixir que fora recomendado pela xamã, período mais indicado para potencializar a limpeza das mágoas mencionadas na leitura, possibilitando, caso ela estivesse disposta a isso, o perdão.

Desde sua chegada ao Brasil, Zaya sentira vontade de dormir com a pedra próxima a seu peito. Com o decorrer dos dias, teve a nítida sensação de que, por meio do poder de sua intenção, juntamente com as propriedades terapêuticas daquela pedra, a mágoa estava se dissolvendo. Era surpreendente observar o processo ocorrendo dentro de si.

Em uma profunda reflexão, percebeu que se equivocara em alguns relacionamentos, pois imaturamente tentara estancar a dor que sentia substituindo uma pessoa por outra, quando, na verdade, o que dissiparia sua dor era perdoar a pessoa que a havia machucado, após ter perdoado a si mesma pelo vivido. Uma constatação simples, mas a percepção disso exigiu muitos esforços da jovem aprendiz.

Na lua cheia, como recomendado, Zaya seguiu as instruções da xamã e produziu o elixir, fazendo uso dele do jeito recomendado. Assim, dia após dia, ela sentia aqueles sentimentos de rancor, raiva, mágoa e decepção se dissolvendo. Era algo mágico. Não que apenas o elixir tivesse gerado aquele resultado, mas a intenção, a disposição para virar a página, zerar as contas, associada à consciência presente na pedra, geraram algo positivo.

Isso fora algo que Zaya aprendera ao longo de sua jornada. Não havia milagre do modo usualmente mencionado, como algo recebido aleatoriamente sem esforço algum, como pura e exclusivamente uma dádiva divina. O milagre era para ela fruto da intenção conjugada com outros fatores. Em toda conquista, ou no denominado "milagre", havia a necessidade do envolvimento, do fazer, do desejar, do intencionar, do concretizar, da ação. A mobilização pessoal, seja por pensamentos, atos ou palavras, é indispensável para a concretização do que chamam de milagre. Ela enxergava o milagre como algo produzido entre forças do universo combinadas a um esforço individual ou coletivo.

Depois dessa e de outras vivências parecidas, as pedras passaram a ser usadas com frequência em seu dia a dia. Estavam espalhadas por sua casa, dentro de suas roupas, nas malas, em suas bolsas e bolsos. Costumava presentear amigos com elas. Aprendera que há vida em tudo e que todo ser tem sua forma de consciência, e que com as pedras não era diferente.

Zaya aprendera que a pedra é o elemento sólido mais antigo presente no planeta Terra. Algumas são amostras sólidas de estrelas, poeira estelar, que cruzaram o espaço sideral e que, de acordo com a visão xamânica, são verdadeiras anciãs que guardam em si conhecimentos de milhares de anos. A alma de Zaya reconhecia essa sabedoria ancestral presente nas pedras; consequentemente, suas propriedades curativas. E a Mongólia contribuiu em parte com a integração dessa nova verdade.

Pedras e sua consciência

Era de manhã e Hunbish e Temuulen conversavam animadamente no banco da frente do carro. Hunbish os conduzia para algum outro destino criteriosamente selecionado por Zaya, que se encontrava em silêncio no banco de trás, apenas contemplando aquela singular paisagem e aquele céu azul sem igual.

Passavam por uma região com formações rochosas e de um instante para o outro era como se Zaya tivesse entrado em estado de transe naquele carro. Estava acordada, consciente, no entanto, as conversas no banco da frente foram como que magicamente silenciadas aos seus ouvidos, e ela, olhando cuidadosamente aquelas pedras que passavam por sua janela, começou a enxergar algo nunca antes visto.

Zaya começou a ver o ciclo de formação das rochas. Tudo ocorria involuntariamente na sua tela mental, misturado com o fluir do veículo pela estrada. Diferente da meditação na qual viu o índio ancião de olhos fechados, ali ela via com os olhos bem abertos. Algo complexo de descrever.

O carro movimentava-se, a paisagem ia passando pela janela e Zaya se via fascinada com o que estava acontecendo de maneira totalmente espontânea. As imagens da sua tela mental se misturavam às do cenário real. Era como estar com óculos 3D, tendo uma aula virtual de geografia ou de geologia. Na sua cabeça, escutava uma voz que explicava todo o processo, como um professor dando aula. Algo nunca vivido até aquele momento. Uma experiência um tanto quanto peculiar.

Havia um filme passando à sua frente em velocidade acelerada, mostrando claramente os processos de magma, erosão e intemperismo, as rochas em seus diferentes estágios e em constante transformação. Além disso, ela via a construção da memória de registros planetários existentes em cada uma das rochas, afinal, elas estão na Terra desde o princípio da formação do planeta, consequentemente passaram pelos mais diversos ciclos e eras, como protagonistas e coadjuvantes.

Definitivamente essa fora uma experiência indescritível em palavras. No entanto, o ser sábio, o Eu Sou, a centelha divina que habita Zaya, reconhecia e absorvia todo aquele conhecimento. Há informações que não são para a mente, e sim para o corpo. Aquela era uma delas. A mente não conseguia gravar tudo o que estava sendo repassado na velocidade que acontecia, mas seu corpo sentia cada movimento, vibrava, pulsava, se arrepiava, registrava em tempo real cada informação. Foi uma experiência absolutamente sem precedentes.

Foi como ter a oportunidade de ver, ao vivo e em um curto período, um processo que é cíclico, contínuo e infinito. E desde que essa sabedoria foi ativada em sua consciência e em seu corpo, as pedras passaram a ter um espaço especial em sua vida.

Reconexões

O itinerário da viagem à Mongólia fora formatado com o objetivo de haver tempo para uma preparação física, emocional e energética para o mais esperado de todos os locais, o deserto de Gobi, onde estava o monastério Khamar, que guardava secretamente a passagem pela porta invisível. Por essa razão, a ida a Gobi seria o último destino daquela viagem. Zaya reservou os três últimos dias para vivenciar e explorar o local. Turistas em geral reservam, em média, meio dia ou no máximo um dia para a visitação dessa região. Portanto, para ela, os doze primeiros dias da viagem eram preparatórios e determinantes para a experiência que viveria lá.

Em um final de tarde, retornando para UB, Temuulen perguntou a Zaya se tudo bem Hunbish daixá-lo em casa primeiro, pois era caminho, e somente então deixá-la no hotel. Zaya concordou de imediato. Ela e o motorista tinham encontrado maneiras de se comunicar que extrapolavam o idioma. Então, Hunbish, após deixar Temuulen em casa, seguiu dirigindo em direção ao hotel. Zaya estava feliz por todas as experiências que estava vivendo com aqueles dois homens que pareciam ter sido escolhidos minuciosamente para conduzi-la por aquele universo mágico.

Hunbish, lá pelas tantas, balbuciou uma palavra e apontou o dedo para Zaya, como que dizendo a ela para pronunciar a palavra também. Ela tentou, ele a corrigiu. Zaya pronunciou. Ele sorriu. Apontou o dedo para si, como que dizendo: "eu sou" a tal palavra que acabara de mencionar. Apontou para Zaya e disse: "Zaya". Foram alguns minutos nessa dinâmica. Zaya parecia um papagaio repetindo a palavra, fazia questão de interagir com seu novo amigo. Ele, feliz, sorria. Juntos, tinham transcendido a barreira do idioma.

Zaya despediu-se dele ao chegar ao hotel. Sabia que o encontraria exatamente naquele local do estacionamento na manhã seguinte, para mais um dia de aventuras. E assim foi.

No dia seguinte, o destino era um importante lago tido como um local sagrado para os mongóis, segundo eles habitado por muitos espíritos e usado pelos xamãs locais para realizar diversos rituais. Definitivamente Zaya sentiu o poder desses espíritos ou, como ela os chama e reconhece, dessas consciências.

Logo pela manhã, Zaya começou a pronunciar a palavra do dia anterior, contente e achando que finalmente tinha aprendido a pronunciar o nome do motorista. Os nomes mongóis podem ser desafiadores de serem pronunciados por ocidentais. Esse era o caso com o nome do motorista. Temuulen olhou intrigado para ela e perguntou:

— O que você está dizendo?

Zaya respondeu:

— Ué, é o nome do motorista, ele me ensinou ontem.

Temuulen olhou desconfiado e afirmou:

— Não, esse não é o nome dele. Não faço ideia do que você está falando.

Zaya, sem entender, pediu a Temuulen que perguntasse ao motorista que palavra era aquela que ele tinha ensinado a ela no dia anterior, no caminho de volta para o hotel. Para surpresa de ambos, Hunbish respondeu que aquele era um código: a partir do momento em que ela o repetisse três vezes, ele poderia, ao deitar-se, acessar o inconsciente dela.

Ao ter aquela informação, Zaya não soube se aquilo era bom ou ruim, mas estava feito e ela não tinha como voltar atrás. Ela havia pronunciado diversas vezes a palavra ou, como acabara de ouvir, o código. Todavia, para o alívio de Zaya, Hunbish tinha se mostrado um homem idôneo até ali, muito paciente e educado. Na verdade, Zaya ficou mais curiosa do que efetivamente preocupada.

Então, Temuulen informou-lhe:

— Ele fez isso comigo na noite anterior, enquanto estávamos na *ger*. Ele pediu para eu repetir uma palavra antes de me deitar e sonhou com meus antepassados.

A partir desse relato, Zaya ficou entusiasmadíssima. Estava ansiosa para saber o que ele tinha visto a seu respeito; mais que isso, queria saber como ele fazia aquilo. Ela queria muito aprender. Depois de muitas horas dirigindo, atravessando paisagens, deixando para trás rebanhos que caminhavam pela estrada, tirando fotos, jogando conversa fora, finalmente chegaram ao lago. Lugar esplêndido. Paisagem de tirar o fôlego. Realmente havia algo de diferente ali, Zaya sentira ao chegar. Estava próximo ao horário do almoço. Por estarem com fome, deixaram as coisas em suas respectivas *gers* e concordaram que deveriam almoçar.

Os três dirigiram-se até um restaurante localizado às margens do lago. O estabelecimento fazia parte da rudimentar estrutura do espaço. Assim que entraram, viram uma mulher e um homem sentados a uma mesa. Era tudo. O restaurante estava cheio de mesas vazias. Os três acomodaram-se em uma mesa de canto. A mulher prontamente levantou-se e veio atendê-los. Ela anotou os pedidos e seguiu em direção à parte de trás do restaurante, supostamente onde ficava a cozinha, para deixar os pedidos. Segundos depois, ela estava novamente sentada à mesa que ocupava antes.

Nesse momento, Hunbish levou Zaya a viver uma das revelações mais marcantes de sua vida. Ele estava sentado no canto da mesa, Temuulen na frente de Zaya. Ela estava com suas mãos sobre a mesa e usava quatro anéis, três na mão direita, um na esquerda. Hunbish olhou atentamente para as mãos dela. Aproximou a mão dele da mão direita de Zaya e, tocando no anel que ela usava em seu indicador, perguntou:

— Quem te deu esse anel? — Temuulen, curioso com a pergunta, a traduziu de imediato.

Zaya prontamente respondeu:

— Foi minha avó.

Tinha sido sua avó materna que lhe presenteara com aquele anel quase vinte anos antes. Hunbish continuou falando.

— Ela é uma senhora com cabelos grisalhos, forte (fazia movimentos com as mãos indicando que ela era gorda, grande, alta) e com dificuldade de caminhar? — traduziu Temuulen.

O modo como ele falava era como se a estivesse vendo naquele momento ali no restaurante, ao lado deles, como se ela cochichasse no ouvido dele. Zaya olhava atentamente para ele e lhe informou que ele descrevia a sua avó paterna, falecida poucos dias após a morte de seu pai, havia sete anos. Ela tinha tais características. No entanto, quem lhe dera o anel apontado por ele fora sua avó materna, uma senhora totalmente diferente da descrição que ele estava dando. Ele insistentemente repetia os gestos com mãos e braços.

Como que de maneira sincronizada à fala de Hunbish, a mulher presente no restaurante, até aquele momento sentada a uma mesa um pouco distante da deles, levantou-se. Zaya teve sua atenção direcionada àquela pessoa, observou-a caminhando em direção à cozinha, e em questão de segundos a tal mulher voltou ao salão segurando um matador de mosquitos em uma das mãos (uma haste de plástico ou madeira com a ponta retangular repleta de pequenos furos; essa é a parte usada para acertar o inseto). Ela, então, começou a caminhar pelo salão matando os mosquitos que encontrava, batendo entusiasmadamente com o matador pelas paredes e mesas.

Zaya, ao ver a cena, imediatamente sentiu um arrepio que percorreu toda a sua espinha dorsal. A razão do espanto era que aquele era o gesto que caracterizava hábitos do seu pai. Nas horas que ele passava em casa, sempre estava com uma pazinha idêntica àquela, andando e matando mosquitos. Essa era a sua distração favorita, uma das únicas.

Ver a mulher se levantando, no exato instante em que Hunbish começou a descrever a mãe de seu pai, e saindo da cozinha com um mata-moscas na mão foi algo chocante e inesperado. Nem por um segundo ela teria imaginado algo do tipo. A visão deixou-a sem palavras. Instantaneamente, ela sentiu aquela cena como uma confirmação de que era verdade o que Hunbish relatava. Afinal, aquele era um gesto usual de seu pai, não poderia haver algo que o identificasse melhor. Zaya automaticamente se questionou: *Como isso está acontecendo no exato momento em que ele fala da minha* nonna? Era assim que Zaya se referia à avó paterna, por ter origem italiana.

Hubish voltou a falar. Ele mencionou que tivera um sonho na noite anterior, após o dia no qual Zaya tinha repetido inúmeras vezes a palavra que ele a ensinara no carro de volta ao hotel. Zaya, sem entender nada do que estava acontecendo, olhava com surpresa para eles enquanto escutava a tradução do guia. Hunbish disse:

— Eu via você em um quarto, um quarto pequeno e escuro. Sua avó (*nonna*) estava parada na porta, fora do quarto, te olhando. O quarto estava vazio, mas nas paredes havia algo parecido com interruptores, eram dez, e a impressão que tenho é que cada interruptor representava um lugar que você terá de visitar. Pelo que entendi, a Mongólia é o primeiro deles. A Mongólia é o início dessa peregrinação, que pelo que compreendi representa sua iniciação, Zaya. Esta viagem é apenas o seu primeiro passo em busca do seu processo de autoconhecimento.

Quando Hunbish terminou de falar sobre a *nonna*, a mulher que havia percorrido o salão com a pazinha na mão, matando moscas, seguiu novamente em direção à cozinha, voltou sem o mata-moscas e sentou-se outra vez em seu lugar. Como se ela tivesse tido um impulso e, minutos depois, ele tivesse passado. Zaya, impressionada, observava boquiaberta o movimento da mulher, enquanto Hunbish descrevia o sonho.

Nem se os acontecimentos no restaurante fossem algo previamente ensaiado eles teriam sido tão sincronizados. Até aquele momento, Zaya não tinha visto nenhum matador de mosquitos na Mongólia, não havia mencionado, descrito ou mostrado fotos de seus familiares, não havia dado qualquer informação que levasse o motorista àquela descrição. Zaya ficou estarrecida. Era muito forte tudo aquilo que acabara de ouvir. Impressionada, sentindo que tudo era real, compartilhou imediatamente com eles o movimento da mulher pelo salão, explicando o quanto os fatos eram sincrônicos. Eles também ficaram atônitos.

Enquanto Hubish relatava o sonho, Zaya sentia como se um portal tivesse sido aberto ao seu lado e tudo que fora relatado estivesse ocorrendo exatamente ali, naquele restaurante: o quarto, sua *nonna*, os interruptores, ela ativando o primeiro, que era a viagem à Mongólia. Seu corpo estava arrepiado. Ela podia sentir as palavras de Hunbish.

Depois disso, o almoço chegou. Comeram em silêncio, não havia mais espaço para as palavras, era necessário apenas absorver aquela avalanche recém-despejada em seu colo.

Leitura de registros akáshicos

Anos antes de imaginar que um dia viajaria à Mongólia, Zaya, em meio à sua busca por respostas com relação a suas angústias existenciais, entrou em contato com outra técnica, a leitura de registros akáshicos.

Essa técnica pode ser descrita como a visita a uma biblioteca particular, com a diferença de que todos os livros presentes ali pertencem a um único autor, uma espécie de biografia não apenas desta, mas de todas as suas outras existências vividas no planeta Terra e fora dele. Sim, Zaya acreditava em reencarnação, realidades paralelas, outras formas de consciência espalhadas pelo universo. Ela havia tido experiências que mostravam que tudo isso era possível.

Na leitura de registro akáshico, cabe ao profissional acessar essa grande biblioteca, a qual armazena registros de memória, e fazer a leitura de algumas passagens singulares sobre a pessoa em questão, que possam contribuir no momento presente. Em geral, o intuito é identificar e limpar padrões que estejam interferindo no processo atual de evolução em suas mais diversas facetas.

Em sua consulta, Zaya, meio tímida, não sabendo se deveria perguntar ou não, resolveu arriscar.

— Gostaria de saber sobre a minha origem cósmica.

Ela ansiava por alguma forma de conexão com seus ancestrais estelares, uma vez que sentia ter perdido a conexão com seus ancestrais terrenos. Quem sabe assim essa existência se tornaria mais fácil de atravessar. Ela desejava isso de todo o seu coração: tornar mais leve a travessia por esta experiência humana.

A pessoa que fazia a leitura, depois de um momento em silêncio, respondeu que ela havia passado por muitos lugares, mas um, em especial, a estrela Antares, localizada na constelação de Escorpião, era onde Zaya passara grande parte de sua existência cósmica.

Ademais, ela recebeu a informação de que o que fazia naquele momento como trabalho estava prestes a mudar. Foi informada de que receberia conhecimentos que aos poucos se traduziriam em uma técnica que deveria ser aplicada e compartilhada. Zaya sabia em seu íntimo que não viera ao mundo para ser uma administradora de herança. Algo diferente cruzaria seu destino. Ela esperava ansiosamente por esse encontro.

A princípio a informação gerou grandes expectativas nela. Mas, com o passar do tempo, as buscas e o conhecimento adquirido, ela entendia que a leitura poderia ser apenas uma verbalização do que Zaya emanava naquele instante como desejo íntimo e profundo, e não necessariamente algo que verdadeiramente estivesse em sua linha do tempo.

Como percebido, a busca por mistérios ocupava grande espaço na vida da jovem aventureira. Ela talvez não reconhecesse ainda que — à medida que os espaços vazios sobre sua origem familiar, seus ancestrais e seus porquês existenciais fossem sendo preenchidos por histórias, conteúdo, fatos ou informações — isso possivelmente levaria a uma diminuição gradativa de sua busca por tais mistérios universais. O preenchimento do seu íntimo, de alguma maneira, faria cessar a busca externa. Mas, enquanto isso não ocorria, Zaya seguia investigando, se perguntando, explorando diversas realidades, novos mundos, outras verdades.

Acessando a memória celular do corpo

Meses após a leitura de registros akáshicos, em uma iniciação, num curso de final de semana, Zaya viveu outra experiência marcante. Essa iniciação se deu por influência de um de seus parceiros de trabalho na época. Zaya, apesar de ter opiniões divergentes das de seu parceiro profissional sobre a desenvoltura da pessoa que ministrava o curso, decidiu dar um voto de confiança e passar por aquela vivência; afinal, era apenas um final de semana, acabaria rápido.

Do ponto de vista de Zaya, o curso foi cansativo, as horas se arrastavam, sentira um cansaço físico e mental fora do comum. Até ali, nada diferente de suas expectativas para aquele fim de semana. Superados os momentos nos quais ela se criticara enormemente pela decisão de fazê-lo, aguardava ansiosamente pelo final da tarde do domingo, quando se daria o ápice do curso, uma iniciação feita de modo individual, cuja promessa era de ressintonização com parte da família cósmica. Depois, poderia, enfim, voltar para casa e relaxar.

Sentou-se na fileira de assentos dispostos exclusivamente para aquele propósito. O palestrante, de pé, posicionado atrás dos iniciados, aguardava os ouvintes se sentarem. Com todos acomodados, ele se aproximava e colocava uma mão sobre a testa do iniciado e outra sobre o coração. Simultaneamente, afirmando sintonizar-se com consciências de outras dimensões, verbalizava os locais pelos quais o iniciado passara ao longo de sua existência cósmica e, respectivamente, as atividades que tinha desempenhado em sua trajetória.

Chegou a vez de Zaya. Ela imediatamente, ao se sentar, pedira proteção divina, pois não estava muito feliz com a ideia de ter de se limpar energeticamente pós-curso em decorrência de possíveis transferências energéticas que não fossem ressoantes com seu campo vibracional. Sentou-se e concentrou-se, conectando-se com sua egrégora. No exato instante em que o ministrante do curso encostou nela, Zaya viu uma cena que aparentemente durou apenas uma fração de segundos, mas a sensação no seu corpo permaneceu por horas, dias, meses, anos.

Zaya viu-se, com idade por volta dos trinta anos. Estava vestida com uma roupa de guerreira, usava malha de aço, segurava um escudo na mão esquerda e arrastava pelo chão uma espada com a mão direita. Ela cruzara uma espécie de porta dimensional; como se atravessasse de um mundo a outro, via uma espécie de cortina de névoa que os separava.

Cruzar essa cortina de névoa representava o acessar, o teletransportar-se para outras realidades. Ela havia atravessado fronteiras no tempo e no espaço. Do outro lado, viu alguém que a esperava de braços abertos e sorriso no rosto. Havia brilho em seu olhar. Uma expressão serena e feliz a aguardava. Não havia ruídos. Apenas expressão corporal. Eles conversam telepaticamente, logo após a chegada dela àquele plano. A conversa foi curta, porém assertiva.

— Larga! Aqui você não precisa mais dela!

A pessoa que a esperava de pé, a poucos metros de distância, referia-se à espada que Zaya carregava em uma das mãos. Ela não questionou: de imediato soltou a espada, que caiu no chão, e correu em direção àquele que a aguardava, abraçando-o forte e demoradamente.

Uma sensação de eternidade recaiu sobre aquele abraço. Era indescritível o reconhecimento daqueles corpos. Ternura, carinho e segurança se misturavam naqueles braços. A identificação era tanto com o abraço quanto com a personagem que ela representava naquela cena, a guerreira.

Por muitos anos de sua vida, Zaya interpretara sem perceber o papel da guerreira. Criou muralhas, assim como seu pai, para manter distante quem a amava. Acreditara que era mais seguro estar só. Apesar do transcorrer dos anos, Zaya não conseguira superar a dor da morte de sua mãe. Ela continuava caindo no abismo existente dentro de si. Manter pessoas afastadas havia se tornado um modo de vida. Ela sabia quão fácil e repentino era perder alguém. Dessa maneira, achava mais seguro não amar mais. A efemeridade da existência humana era algo difícil de aceitar e a assustava.

Aquela figura dizia muito a respeito de como Zaya havia protagonizado sua vida até ali. Como uma guerreira que precisa matar para sobreviver, Zaya matava todos os dias possibilidades de relações harmônicas, vivia em constante alerta... Ela simplesmente não relaxava. Como uma guerreira que só descansa ao retornar à casa, permanecia na eterna busca por esse retornar, afinal ela não se sentia em casa, independentemente de onde estivesse.

Também assim como a guerreira que defende povos, nações e causas, Zaya defendia seu patrimônio, seus entes queridos, suas memórias e sua história de vida. Era difícil assumir aquilo, contudo era chegada a hora de largar a espada e apaziguar, de baixar a guarda, de repousar-se em si mesma e finalmente interpretar outro papel em sua vida.

Mais do que somente ver, Zaya sentiu aquela cena acontecendo em cada uma das células do seu corpo. Depois disso, ela voltou para o mundo presente e concentrou-se em ouvir o que o palestrante estava captando de consciências externas. Entre muitos nomes que ele rapidamente balbuciou, um ressoou em seu coração: Antares... Ela passara pela estrela Antares.

Aquele fora um fim de tarde surpreendente e revelador. Os minutos finais a fizeram esquecer todo o cansaço e o tédio do dia anterior. Seu corpo pulsava como em raras ocasiões. Ela se sentia envolta naquele abraço, quietinha, acolhida, amada, segura. Envolta naqueles braços onde não precisava mais digladiar. Era como se o tempo parasse e ela permanecesse estática naquela cena. Sentindo tudo aquilo, seu corpo gozava de uma sensação de completo bem-estar.

Aquela fração de segundo fora responsável por algo que ela buscava havia anos. A sensação de pertencimento a algo, a alguém, a si mesma, ao seu corpo, à sua história. Literalmente, em um piscar de olhos, seu desejo havia se materializado. Vibrava com aquela cena gravada em seu corpo. Registros de sua memória celular acessados conscientemente, acordada, desperta com a mente em plena atividade neural. Aquilo fora fantástico. Sem dúvida, ela recebera um claro sinal, estava construindo uma estrada na direção da sua reconexão, do seu despertar consciencial. Chegara a hora de relembrar. E em versos ela registrou essa incessante busca.

Condenação

Olho para trás e vejo, com clareza,
A pedra bruta ganhando forma, novos gostos, destreza.
Agora livre das armaduras, é possível experienciar,
Viver o agora, amar.

Amar a si próprio sem medo de se arriscar,
Amar o próximo sem medo de se machucar.
Tudo é possível quando se permite a luz entrar.
Mas não se engane, meu caro amigo,
Não é você quem escolhe quem vai amar.

O caminho preciso trilhar.
Te vejo em meus sonhos,
Te tenho em meu olhar.
O enigma contraria o buscar.
A cada passo percorrido,
Mais distante te vejo ficar,
Essa foi a condenação por este mundo querer esmiuçar.

Essa outra realidade só consigo por vezes acessar.
Mas, para mim, tudo o que eu quero é poder translocar,
Ir embora daqui para, finalmente, em seus braços morar.

Separados, vivendo vidas estranhas com parceiros desconhecidos.
Separados, amargurados com o espírito adormecido.
As sequelas dessa história eu sei muito bem contar.
Permaneço neste mundo, perdida, buscando me teletransportar.

Não sei se um dia será possível em seus braços acordar.
Por isso, vivo adormecida para o desejo não aflorar.

Triângulo polinésio

Nova Zelândia, Havaí e Ilha de Páscoa, três ilhas que formam o triângulo polinésio no oceano Pacífico, fizeram parte do quebra-cabeça com relação à informação recebida sobre sua origem cósmica. Mas, antes mesmo de Zaya ter qualquer curiosidade sobre o tema, a vida já estava deixando os sinais que somente seriam decifrados pela aventureira anos mais tarde. E a história que envolveu a passagem pelas ilhas começou de um jeito inusitado.

Anos antes de cogitar a ida à Mongólia, antes da leitura de registro akáshico e antes de se mudar para a cidade grande, quando Zaya ainda trabalhava na realização do último sonho de seu pai, ela acordara pela manhã em um dia qualquer em sua casa, em sua cidade natal, com o nome de um pequeno país pulsando em sua mente: Nova Zelândia. O nome latejava em sua cabeça, sem qualquer explicação lógica para o surgimento dele. Até então, nunca tinha desejado estar lá. Entretanto, naquele exato instante, tudo se encaixou perfeitamente, e Zaya pensou: *É isso, o lugar mais "remoto" do planeta (dentro da sua referência geográfica naquele momento). Um fuso horário de dezesseis horas. Ninguém vai conseguir me encontrar. É lá que preciso estar. Longe de tudo e todos. O local perfeito para eu não ser encontrada.*

Nessa época, concluíra uma etapa fundamental do projeto que era o sonho do seu pai. O empreendimento fora lançado um mês antes, após dois anos e meio de muita apreensão, trabalho, sustos, estresse, desavenças e disputas. Zaya era visceral e passava por um momento de estresse próximo à síndrome de *burnout*. Sentia que precisava urgentemente respirar bem longe da sua realidade cotidiana.

Nesse contexto de distúrbios emocionais e alimentares, resultantes de situações de trabalho desgastantes, acordar ouvindo aquele nome dentro da sua cabeça pareceu muito propício. Literalmente, uma válvula de escape. Sem questionar o porquê de Nova Zelândia em vez da gigante e vizinha Austrália, lugar que havia alguns anos era do seu interesse conhecer, Zaya comprou as passagens, fez as malas e atravessou o oceano Pacífico em direção a essa magnífica ilha, que contribuiu enormemente para ressignificar o momento crítico que ela vivia.

Fez da ilha sua morada por alguns meses. Internamente estava relutante em voltar ao Brasil. O modo de vida dos kiwis (autodenominação dos neozelandeses) se encaixava como uma luva com o que Zaya buscara nos anos anteriores.

A maneira de pensar e viver deles era leve, livre da necessidade do acúmulo de bens ou posses, constantemente alimentada pela sociedade ocidental. Vivia-se pelo prazer de estar vivo, de contemplar a natureza, de explorar novos lugares, de fazer novas amizades. Em tudo pulsava vida. Pessoas felizes com seus trabalhos, vivendo uma vida simples, embora rica em valores de bem-estar. Zaya estava encantada. Aquilo tudo mexia íntima e profundamente com ela.

Aotearoa, o nome pelo qual é conhecida a Nova Zelândia pelos maoris, povos nativos do local, significa "a terra da grande nuvem branca". Aquele lugar representava, para Zaya, diante de tudo que experienciara, o paraíso materializado na Terra. A cultura era intimamente conectada com a harmonia e o respeito à natureza. A consciência ambiental dos kiwis estava muito à frente de inúmeras nações e povos visionários com relação ao meio ambiente.

O contato com os maoris foi rico em conhecimento e afinidades. De alguma maneira, aquilo que presenciava, aprendia, via, estava pulsando em algum lugar dentro de Zaya, era um sutil recordar. Valores, visão de vida, hábitos, culinária, os rituais e as danças, a magia estava por todas as partes daquela ilha, especialmente na essência do povo.

Zaya simplesmente amou aquela experiência. Respirar diariamente toda aquela beleza cinematográfica mexeu profundamente com ela. Ali tudo inspirava o viver bem, a alegria do ser, a leveza de espírito. Foi uma conexão quase imediata com aquela terra. Inúmeras vezes, passou pela sua cabeça estabelecer sua vida naquele país. Contudo, a compreensão da forte conexão com a ilha só viria anos mais tarde. Isso depois de outras duas visitas, uma ao Havaí e a outra à Ilha de Páscoa, onde o quebra-cabeça se montou por completo.

Cinco anos mais tarde, Zaya teve a oportunidade de visitar o Havaí. Dessa vez não viajaria sozinha, iria com um grupo de poucas pessoas que expressavam uma ânsia imensa por transformação. O intuito da viagem, além do turismo, era obter ajustes conscienciais, energéticos e emocionais. A tão famosa busca pelo autoconhecimento. Portanto, como parte da programação, estavam inclusas práticas e dinâmicas terapêuticas integrativas.

Uma viagem direcionada a parar e refletir sobre quais mudanças ainda eram necessárias. A possibilidade de fazer um verdadeiro balanço sobre as atuais indagações e inquietações. Fazer uma varredura com relação a comportamentos, hábitos, vontades, sonhos, reavaliar suas ações no tempo presente, aproveitar que era começo do ano para alinhar a conduta aos seus desejos de alma.

No topo da lista, entre seus maiores objetivos, estava o alcance da paz interior e a quietude da alma. Sem dúvida, muito havia melhorado em todos aqueles anos de abertura consciencial, mas algo dentro dela a continuava mobilizando, a busca era incessante. E, mesmo sem entender exatamente o que era aquele turbilhão de sensações, emoções e sentimentos, a caçadora de respostas era obstinada o suficiente para transpor tais obstáculos e seguir na conquista de respostas para seus anseios mais profundos.

No Havaí, com aquele grupo inspirador, Zaya viveu o encontro com a sabedoria transformadora do Ho'oponopono, uma oração havaiana baseada no princípio da autorresponsabilidade, que afirma que tudo o que nos incomoda é de inteira responsabilidade pessoal, sendo a mudança algo pessoal. Tal conhecimento é precioso, sendo imprescindível para a construção de uma nova consciência.

A oração é simples, composta apenas por quatro sentenças: "Eu sinto muito", "Me perdoe", "Eu te amo" e "Eu sou grato". A repetição dessas frases funciona como um mantra, promovendo a autocura do corpo, da mente, do espírito. Tem como ideal ressignificar histórias e memórias, promover a reconciliação e o perdão com o outro e consigo.

A essência do Ho'oponopono está na compreensão de que os problemas são memórias que se repetem no inconsciente, no subconsciente ou até no consciente. Logo, as dificuldades que se apresentam na vida não têm nada a ver com um lugar, situação ou pessoa. Ao vivenciar conflitos repetidos, pode-se escolher permanecer no *loop* ou pegar a rota alternativa, e o Ho'oponopono tem o poder de condução a uma dessas rotas alternativas.

Fazer uso dessa ferramenta de cura possibilitou a Zaya limpar histórias nas quais predominavam a mágoa, o rancor, a desilusão, a frustração, a raiva, a sensação de impotência e tantos outros sentimentos que mantinham seu campo vibracional em um nível energético baixo e denso, ou seja, aprisionado em esferas sombrias do inconsciente.

Outra experiência transformadora vivida na ilha foi a constelação sobre seu equivocado julgamento em relação à fraqueza por ela sentida nas mulheres do lado materno de sua família. Havia alguns anos fazendo uso da técnica da constelação familiar, chegara a hora de mexer nessa ferida aberta. Era um assunto delicado e muito íntimo, que demandava uma coragem extra para trazê-lo à tona.

A constelação foi composta por quatro participantes. Esses representavam Zaya, sua mãe, seu pai e sua avó materna. Ao colocar os participantes espalhados naquele quarto de hotel, abrindo o campo fenomenológico para ter acesso ao conteúdo de memórias daquela alma familiar, Zaya acompanhou a reação imediata da pessoa que representava sua mãe, que foi sentar-se no chão.

Sem forças, não conseguia parar em pé. Era exatamente assim que Zaya a via, fraca, sem forças para enfrentamentos.

O pai prontamente posicionou-se ao lado de Zaya, dizendo que precisava cuidar de sua filha porque ela estava só. A avó materna estava ao lado da mãe, dando força à filha, para que de alguma maneira ela trouxesse o seu marido para junto de si. A energia emanada pelo pai de Zaya em seu campo vibracional era de controle e apego. E, ao contrário daquilo em que ele acreditava, aquela energia sobre o campo vibracional da filha mais atrapalhava do que ajudava. Era como se ele a impossibilitasse de seguir seu próprio caminho.

Com o decorrer da constelação, a mãe de Zaya foi adquirindo uma força estratosférica que a colocou de pé e a permitiu levar o marido, mesmo contra vontade, para o outro lado da sala. Era como se juntos, ele resistindo ao afastamento, atravessassem uma passagem. Seguiram unidos para outra dimensão existencial. No exato momento em que eles lhe deram as costas e caminharam em direção contrária a Zaya, alguém tentou abrir a porta do quarto. O grupo não estava esperando ninguém, foi simplesmente alguém que passou e forçou a maçaneta do lado de fora do quarto. Na Índia, por exemplo, sinais como esse representam uma confirmação do que se está sendo vivido naquele instante. Como uma mensagem que diz "Assim é!".

O campo fenomenológico mostrara claramente o que estava oculto para Zaya. A força de sua mãe na condução do seu pai, na manutenção do seu matrimônio, na permanência da família unida. O ato de ela se levantar do chão e levar o esposo consigo escancarou a força que ela sempre tivera e que Zaya nunca havia reconhecido. Depois de ver aquela ação, Zaya, como observadora, enxergou que sua mãe era tão forte quanto seu pai. A única diferença estava no tipo de força utilizada na condução de determinada situação.

Zaya, envergonhada, reconheceu que quem verdadeiramente negociava em casa era sua mãe. Quem obtinha o que desejava por meio da sutileza e da doçura era a mulher que ela vira como fraca, submissa. Na cabeça daquela adolescente imatura, a máxima era que sua mãe havia entregado a condução da própria vida a um homem autoritário e controlador, anulando-se quase completamente com o passar dos anos. Contudo, Zaya constatou que não fora bem assim.

Por fim, por meio dessa constelação familiar, a adolescente imatura que até aquele momento existia dentro de Zaya visualizara, reconhecera e integrara a força da mãe em si. E desse modo pôde acessar aquela força, que também a habitava. Ela sabia, intuitivamente, mas negava, conscientemente. Internamente comovida, Zaya agradeceu em silêncio às forças do universo que possibilitaram aquela constatação.

Meses depois de estar no Havaí, ainda no mesmo ano, Zaya desembarcou no local que representava para ela a terceira ponta do triângulo polinésio, a Ilha de Páscoa, no idioma local, Rapa Nui. Entre as três ilhas, possivelmente essa é a que guarda o mais intrigante dos mistérios, a terra dos moai, estátuas de pedra que pesam toneladas e medem entre quatro metros e meio e vinte metros de altura, espalhadas por toda a extensão da ilha.

Zaya estava feliz com mais essa possibilidade. Intuitivamente, ela sabia que estar fisicamente naquelas ilhas ativaria importantes memórias adormecidas dentro de si. A ida súbita àquele local, sem planejamento prévio, também fazia parte do seu despertar. Ela não sabia como, simplesmente seu eu sabia que completar aquela jornada, as três faces do triângulo, traria respostas às indagações feitas havia anos. O triângulo é a figura geométrica que representa a disposição dessas três pequenas ilhas.

Por serem ilhas de origem vulcânica, Zaya teve a grande oportunidade de viver experiências meditativas transformadoras, próximo a crateras de vulcões nas três ilhas, alguns em atividade, em veemente ebulição. Nessa ordem, Nova Zelândia, Havaí e Ilha de

Páscoa, Zaya visitou os vértices do que forma o triângulo polinésio, localizado ao sul do oceano Pacífico.

Entre inúmeros aprendizados ao desbravar tais ilhas, um em particular chamou sua atenção. Ao visitar esses territórios, ouviu versões similares da lenda que explica o surgimento deles em meio ao vasto oceano. Em uma versão resumida, a lenda diz que as ilhas foram pescadas por um semideus, Maui, por meio de um anzol feito com o osso do maxilar de um ancestral mágico.

De acordo com a lenda, um dia, seus irmãos decidiram ir pescar. Maui, o mais jovem, ouvindo que seria deixado para trás, correu e se escondeu na canoa, evitando ser notado por seus irmãos. Então, em alto-mar, ele se revelou e, não tendo muito o que fazer, os irmãos o deixaram pescar.

Diz a lenda que ele entoava cânticos poderosos ligados a seus ancestrais no instante de lançar o anzol. E assim fisgou Nova Zelândia, primordialmente chamada de Te Ika a Maui, que significa "o peixe de Maui"; Rapa Nui, cuja tradução no idioma local quer dizer "ilha grande"; e Havaí, que significa "o lugar de origem dos polinésios", ou ainda "o lugar para onde retornam as almas depois da morte".

O fechamento daquela viagem em Rapa Nui foi exatamente como aquele local: intrigante. Zaya não entendia a razão daquilo, mas retornou na primeira classe, mesmo pagando por um assento econômico. O mais interessante é que o mesmo havia acontecido quando ela fora para a Nova Zelândia. Foram as duas únicas vezes na vida em que ela viajou de primeira classe, episódio que se deu ou por erro da companhia ou por excesso de passageiros no voo. O fato é que aconteceu.

Além desse evento, ao fazer sua refeição, Zaya derramou algo no guardanapo de pano e, minutos depois, ao olhar atentamente para a sujeira que tinha feito, viu que, no lugar em que derramara o caldo da comida, havia se formado uma imagem que parecia um animal, um escorpião. Ela achou muito estranho. Um bicho tão difícil de se desenhar criado ali, no guardanapo de pano, por um descuido dela ao derrubar algo. Ela tentou simplesmente ignorar o evento, voltando a tirar um cochilo.

Horas depois, Zaya abriu a revista disponível à frente de sua poltrona e, ao folheá-la, um trecho de um texto lhe chamou a atenção. Era uma reportagem sobre a lenda da origem das ilhas polinésias que mencionava que o anzol, símbolo do surgimento dessas ilhas por meio da pesca feita por Maui, é no Ocidente a representação da constelação de Escorpião. Bingo!

Zaya jamais tinha lido, ouvido ou pensado a respeito, pelo menos não que se lembrasse. De volta à sua casa, descobriu que o desenho da constelação de Escorpião lembra a imagem de um anzol, por isso a analogia. De posse de tal informação, Zaya sentiu um ímpeto fluindo sobre seu corpo. Ela precisava se certificar. Correu até suas anotações de viagens e confirmou o que parecia impossível, racionalmente falando.

— É isso... Antares... Estrela de Antares. Um dos locais mencionados na leitura do meu registro akáshico e na iniciação em que me vi como guerreira. Antares, estrela da constelação de Escorpião.

À medida que ia processando todos aqueles pensamentos, despejados involuntariamente em sua mente, Zaya sentia uma forte vibração correndo por todo o seu corpo, quente e acolhedora. Juntos, corpo e mente em conformidade, ratificavam aspectos reconhecidos por sua alma.

Segundo o relato de duas pessoas com as quais ela havia estado em tempos e locais distintos, sem quaisquer ligações entre uma e outra, Antares, o local onde supostamente ela tinha vivido e passado um período de sua existência cósmica, tinha relação direta com a lenda polinésia do surgimento das ilhas do Pacífico, ilhas nas quais ela tinha vivido experiências catárticas e emocionantes.

Posteriormente, passada a euforia gerada por tamanha sincronicidade nos fatos, Zaya iniciou uma pesquisa e descobriu que aquele corpo celeste, Antares, representa a principal estrela da constelação de Escorpião, uma supergigante vermelha.

Desde o momento em que pisou o solo neozelandês, anos foram necessários para completar esse quebra-cabeça, um entre tantos ao longo de sua jornada. As peças foram sendo apresentadas de maneiras distintas, em momentos aleatórios, mas por trás de cada mensagem estava sua conexão com o todo. Isso era determinante na montagem de peças que surgiam pelo caminho e que, pouco a pouco, traziam sentido aos seus dias. Os espaços vazios estavam sendo preenchidos.

Zaya comprovara que uma memória antes adormecida no seio do seu corpo fora despertada após visitar (ou quem sabe revisitar) os locais aos quais tais recordações estavam relacionadas. Após aquele lampejo, Zaya emudeceu sozinha em seu apartamento. Tudo aquilo era demais para sua mente racional aceitar como verdade.

Exercícios de clarividência

A Mongólia fora um presente diferente de todos os que havia recebido até aqueles trinta e um anos de vida. A conexão fora instantânea e tocara profundamente sua alma. As pessoas, as comidas, as paisagens, a temperatura, os locais visitados, as conversas, as histórias, a música, as estradas, o hotel, o *hostel*, as *gers*, tudo, absolutamente tudo, lhe trazia e inspirava segurança.

De volta às margens do lago, após aquela surpreendente e reveladora experiência vivida antes do almoço, Hunbish, muito carismático, se ofereceu para praticar exercícios de clarividência com ela. Aquela fora mais uma agradável surpresa naquela viagem. Imediatamente Zaya aceitou a oferta. Sentia uma mistura de alegria e ansiedade. Queria muito tudo aquilo. Sua alma tinha sede de novos aprendizados. O conhecimento, sem dúvida, era uma de suas compulsões.

Zaya sempre demonstrara-se destemida, segura de si, corajosa com relação à vida; todavia, antagonizando com sua existência, carregava consigo, mesmo na vida adulta, um medo infantil. Esse fora um assunto guardado em seu íntimo em segredo, um medo não assumido verbalmente, apenas sentido ao longo dos anos. Tal medo era de que ela um dia possivelmente visse espíritos. Ela absorvera uma visão muito limitada sobre o conceito em decorrência de crenças religiosas no passado. E isso a perturbou silenciosamente por vários anos.

Suas crenças com relação a ver seres sem um corpo físico eram apenas negativas. Então, sempre que o medo surgia, ela pedia fervorosamente que lhe fosse bloqueado esse sentido extrafísico, de ver seres de outros planos. Fechava os olhos, cobria a cabeça com o cobertor e começava a clamar por seus guardiões, anjos, mentores. Ela definitivamente não queria ver nada que não fosse do plano material, físico, humano.

Desse modo, até pouco tempo antes, em sua mente não havia espaço para esse tipo de experiência, a clarividência. E apesar de, ao longo de sua existência, sentir a presença de seres próximos a ela em uma circunstância ou outra, nunca efetivamente vira nenhum espírito ou algo parecido, o que demonstrava que até aquele momento seu pedido fora, de certa maneira, atendido.

E nisso a Mongólia foi também determinante. Prestes a viver uma prática de clarividência, Zaya não se sentiu acuada ou com medo, assustada ou com vontade de sair correndo. Ela estava decidida e aceitou que era o tempo de desconstruir esse velho medo que a acompanhava tão íntima e silenciosamente.

As instruções pareciam simples, no entanto, para ela, nada parecia simples quando se tratava de permanecer imóvel por alguns minutos. Muito agitada e inquieta, aquietar-se parecia ser algo inatingível em sua realidade. Ela vinha reeducando sua mente ao longo dos anos, um mantra aqui, uma oração ali, minutos de silêncio durante o dia, respirações profundas para não voar em direção à garganta de alguém, contudo estava muito longe de alcançar o estado meditativo. Pelo menos era no que ela acreditava até aquela prática.

Sentados de frente um para o outro, em posição de lótus, com a coluna ereta, ambos precisavam fechar levemente os olhos, tentar não piscar nem se movimentar, e se olhar fixamente pelo máximo de tempo que aguentassem. Parecia simples, mas requeria prática e dedicação. Chegava a um ponto em que os olhos começavam a arder e, por consequência, lacrimejar, era involuntário.

Após poucos minutos de prática, eis que Zaya começou a enxergar faces sobre o rosto de Hunbish. Seu coração batia acelerado. Ela se sentiu como uma criança descobrindo um esconderijo secreto. Eufórica, uma excitação pulsava em seu ser, porém ali ela se sentia segura. Hunbish era alguém que ganhara sua confiança e seu respeito, apesar dos poucos dias de convivência.

As faces iam se transformando, era curioso, uma experiência única. De repente, apareceu um animal com o aspecto de um felino. Ele a encarou por uns segundos e, em seguida, deu espaço para um samurai; após isso, uma criança, um homem, e assim, sentada de pernas cruzadas naquela *ger*, com os olhos entreabertos, rodeada pelas águas sagradas daquele lago silencioso e pacificador, aconteceu sua primeira experiência de clarividência. Zaya permitiu-se enxergar o invisível que a cercava.

Quando terminaram o exercício, seus olhos ardiam mais que o esperado e lágrimas escoriam pelo seu rosto. Enquanto isso, sua mente fervia perante aquele mundo que por décadas ela tanto temera e bloqueara. E, ao contrário do que havia imaginado, ao final do exercício ela respirava feliz. O seu grande medo começara a ser descriado. Zaya comprovou ali que o conhecimento traz a desmitificação de muitos fantasmas, medos e crenças.

Para sua surpresa, a experiência ainda não tinha acabado. Hunbish mencionou que via um homem ao lado dela. Um senhor ruivo, com pouco cabelo e um bigode. Disse ainda que esse sujeito pedira para informá-la de que ele a trouxera até ali. Fora ele quem construíra o caminho para levá-la até a Mongólia. Quando Hunbish o descreveu, Zaya sentiu uma onda de calor por seu corpo e seus pelos arrepiados. Ela sabia quem era aquele homem que Hunbish estava descrevendo. Aquele era o seu pai.

A verdade vista por outro ângulo

Primeiro, sua *nonna*; agora, seu pai. Pareciam demasiadamente ousadas as revelações de Hunbish. Apesar de haver consistência em seu discurso, nas descrições das pessoas e dos fatos, a cabeça de Zaya estava prestes a explodir com todas as revelações. Parecia impossível ser ele a guiá-la por aquela experiência tão profunda e reveladora no coração da Ásia. Era demais tudo aquilo em um só dia.

A revelação de Hunbish de que seu pai a tinha conduzido até aquela expedição, do outro lado do mundo, onde aquela avalanche de experiências se materializava diariamente, era motivo de espanto para a aventureira. Ela poderia imaginar isso vindo de sua mãe, mulher religiosa, detentora de uma fé inabalável, cujas horas do dia eram voltadas para ajudar o próximo, jejuar e orar. Mas nunca do seu pai, um homem rígido e duro consigo e com os demais, com uma personalidade tão próxima à de Zaya.

Diante disso, ela pediu uma folga, precisava integrar aquilo tudo. Então, pegou a câmera fotográfica e foi caminhar sozinha pelas margens do lago; o dia havia sido intenso demais até ali. Havia pássaros por toda parte naquele país, pássaros e crianças estavam por todos os lugares. Ali não era diferente: Zaya admirava a revoada de um bando que se deleitava naquela paisagem deslumbrante. Parecia um lindo cenário de filme.

O silêncio tomava o espaço de fora, mas dentro sua mente borbulhava, inúmeros questionamentos a atormentavam. Seus passos eram guiados pelo instinto. Nas mãos, a câmera; no olhar, saudades do que não fora vivido. O seu coração sentia falta das horas que não tivera com aquela figura paterna. Sua mente se esforçava para lembrar momentos raros de alegria, companheirismo, brincadeiras e diálogo. Seu ser racional buscava uma explicação lógica para o que acontecia.

Como é possível ele estar ao meu lado? Ele era truculento demais para desejar viver experiências como esta. Como ele me trouxe até aqui? Isso não faz o menor sentido.

Esses pensamentos orbitavam sua mente. Tamanha prepotência. Zaya, julgando-se superior, havia esquecido que seu pai também fora um iniciado. Por muitos anos, ele fora membro de uma escola iniciática, conhecimentos que levara consigo para o túmulo, nunca compartilhados em seu lar.

Caminhando, refletindo e buscando, mais uma vez Zaya encontrou o que procurava. Parecia ser ali a terra das respostas. Zaya percebeu uma presença ao seu lado. Continuou caminhando, a presença ficando mais forte. Ela, então, resolveu parar e sentir, ir para dentro, decidiu dar espaço àquilo que estava se manifestando ao seu redor. E ali, de pé, às margens daquele lago, viveu outra experiência formidável.

O tempo retroagiu, memórias nunca vistas invadiram sua mente, um filme passava em sua tela mental. As informações vinham, o coração pulsava, o corpo sentia, reconhecia a verdade daquele revelar. Zaya acessou, à luz do dia, uma parte da história que ela ainda não enxergara em décadas de existência.

O que lhe fora mostrado naquele instante foi que seu pai a acompanhara por muitas existências, eram verdadeiramente companheiros de jornada. Naquele momento, ela percebeu como havia sido difícil para ele atuar naquele papel. No entanto, essa era a única maneira de fazê-la encontrar o que ela precisava nesta existência.

Ser rígido e autoritário, um homem de poucas palavras e turrão, porém honesto e íntegro. Era assim que seria possível transpor a difícil personalidade daquela que, nesta existência, viria como sua filha. A capacidade de Zaya de se desviar do seu caminho só poderia ser evitada tendo os pais que ela tivera, sendo educada do modo como fora. E ele sofreu muito, foi tão difícil para ele quanto para ela; no entanto, ela nunca tinha visto a situação por essa perspectiva. Mas a alma dele reconhecia o propósito maior daquele sacrifício, e assim ele o fez, mesmo com o coração aos pedaços.

Em meio ao turbilhão de imagens que surgia dentro da sua cabeça, naquele instante ela se lembrou de uma sessão de regressão feita anos antes que não tinha entendido até aquele momento. Na regressão, aparecia uma criança (Zaya) de mão dada com um homem; juntos caminhavam por uma floresta em uma estreita trilha, comunicando-se telepaticamente. Zaya, na figura daquela criança, demonstrava querer sair da linha, fazer algo que não deveria, que não era permitido, e de repente o homem que caminhava ao seu lado apertava sua mão, como que dizendo para ela: "Sou eu que dou as ordens aqui, você ainda está na condição apenas de obedecer".

A sensação era de que aquele homem tinha autoridade sobre ela. Zaya, ao acessar aquela memória, percebeu que era uma pequena rebelde pronta para aprontar na primeira oportunidade. Mesmo criança, com quatro ou cinco anos, apresentava um gênio difícil, e quando mentalmente intencionou fazer algo indevido pela segunda vez, aquele que estava ao lado dela segurando sua mão cresceu de forma desmedida, até ficar do tamanho de um gigante. Como se tivesse sido inflado com ar, atingindo dimensões não humanas.

Ao vê-lo daquele tamanho, ela se sentiu intimidada. Aquele homem passava dos quatro metros de altura. Somente com o novo tamanho e apertando fortemente a mão daquela criaturinha, que apesar da pouca idade apresentava-se muito mal-intencionada, se impôs sobre ela com autoridade e respeito.

A compreensão daquela cena de regressão tornou-se clara, Zaya precisava de alguém mais genioso do que ela para mantê-la na linha, com uma conduta ética. Assim, não poderia ter sido um pai amoroso, acessível, amigo, pois, se assim fosse, não seria respeitado por ela. Havia muitas vidas ela precisava de rigidez em sua educação. E fora isso que tivera nesta existência, recebendo daquele homem exatamente aquilo de que precisava para o seu processo de crescimento pessoal.

Agora, com tudo se encaixando, Zaya entendeu que aquele que ela sempre julgara ser um carrasco havia contribuído para salvar sua existência. Seu pai fora exatamente o que ela precisava como pai. Ela sentia em cada poro do seu corpo a veracidade daquelas informações, das imagens que surgiam involuntariamente em sua tela mental.

Com seus pensamentos, de volta às margens daquele lago, após finalizado o lapso das memórias sobre sua regressão, ela sentia firmemente seu pai caminhando ao seu lado. Sua *nonna* também se fez presente. Não os via fisicamente, mas podia senti-los perfeitamente.

O que os fatos indicavam era que não havia tempo a perder, esta era uma existência determinante em sua caminhada. Impedir desvios de caráter ou a fuga do plano original era parte do acordo dos membros que ela teve como família nesta existência. Agora, ela reconhecera: eles haviam cumprido com excelência o que lhes fora incumbido.

Lágrimas de agradecimento escorriam por sua face. Não podia controlar. Seu corpo tremia. Seu coração, apesar de bater forte, estava leve, sentia-se em paz. Cada molécula daquele corpo suspirava aliviada. Enfim, sua alma estava relaxada, e ela sorria emocionada diante da avalanche de revelações naquele lago sagrado.

Xamanismo: animais auxiliares

A prática do exercício de clarividência vivida com Hunbish naquela tarde, na qual, entre outras coisas, Zaya viu um felino, a fez recordar-se de que, desde a vivência na qual fora revelado o seu animal de poder — não por acaso, também um felino, forte e furioso —, ela passara a receber ocasionalmente a visita de alguns animais, os chamados animais auxiliares dentro do xamanismo. A presença deles trouxe-lhe ensinamentos riquíssimos em momentos oportunos.

Os animais manifestavam-se por meio de sonhos, imagens, meditações ou ainda sensações. E com eles traziam mensagens ocultas determinantes para o momento no qual se manifestavam. A análise do arquétipo do animal levava Zaya a respostas sobre questões que estava vivenciando. Ela reconhecia a força e a sabedoria desse simbolismo presente no xamanismo e fazia o possível para usá-las em seu favor para obter melhores resultados em seu crescimento pessoal no dia a dia. E, de uma forma singela, ela registrou tais visitas e seus ensinamentos.

A sabedoria oculta dos animais

O entardecer chegou rodeado de amizades inesperadas.
Chegou surpreendente, como a neblina que sutilmente invade
a varanda, sem avisar.
Sem pressa, livre de programação,
Bem alimentada e com a prosa em dia,
Assim foram as primeiras horas naquela estação em que
acabava de repousar.

As semanas passaram,
Estruturação era a ordem do dia, ela desconhecia.
Reformas internas e externas a vida exigiria,
Com amor ou pela dor, não importava de que modo seria.

Meses sobrepuseram-se ao ano,
O novo lar criava forma,
Nova cara, nova energia,
Um novo endereço ela teria.

A mudança terminou,
Mas a poeira não se assentou.
Perguntava-se de que adiantava um novo lar
Se os velhos anseios insistiam em consigo morar?

O fundo do poço teria de tocar.
Depois de tanto espernear,
Cansou de com a vida brigar.

O velho e conhecido companheiro de jornada,
O tigre de bengala,
Sabia que a hora chegara.
Portanto, dar espaço era preciso
Para uma nova energia ancorar.

Dona aranha, como símbolo da paciência e da criação,
a fez enxergar
Era hora de parar.
Aguardar o universo trabalhar.

Afinal, a teia estava tecida.
Com o que mais ela poderia se preocupar?

No divino dona aranha confiava
E sabia que era chegada a hora de descansar,
Aguardar o alimento, em sua teia se pendurar
Ora... cabia ao sábio destino providenciar!!!

Mesmo vendo e ouvindo, a garota insistia em atropelar,
Atropelar as fases que não poderia pular.
Agora, nada mais dependia dela,
E ela sabia.
O mais difícil, no entanto, era esperar.

Por vezes, o tão esperado futuro, meticulosamente planejado,
Vem reformulado, distante do vislumbrado.
A dificuldade de entregar o controle, de a vida replanejar,
É uma faca afiada que se sente perfurar.

O universo gritava,
Ela se recusava a escutar.

Relutou, transpassou, a exaustão chegou.
E foi assim que compreendeu que era hora de se reposicionar,
A vida é que iria trabalhar.
Aquietou-se, e dona aranha feliz ficou.
O alimento estava próximo de a sua teia chegar.

E então, seu urso decide se apresentar.
Direto do Alasca, ele veio para ficar.
Cruzou oceanos, sabia que mares gelados teria de enfrentar.
A moça à sua toca precisava voltar.
Hibernar, introspectar, aquietar-se.
Esse, sim, sem ela saber, era o seu novo lar.
Uma jornada para dentro de si.
A ordem era verticalizar,
Meditar, respirar, confiar.

E, para confirmar o pedido,
A senhora tartaruga passou por lá.
Dentro de seu casco, recolhida, o conceito de casa a fez enxergar.
O recado foi dado:
"Trate com carinho seu corpo,
Pois é nele que vais habitar.
Ele é sua morada onde quer que você vá".

A mensagem era clara:
"Em tua casa deves ficar.
Chega de buscar lá fora
O que, só estando em casa, poderás encontrar".

Bandeira da paz

A viagem pela Mongólia seguia. Dias intensos do amanhecer ao anoitecer. Sem dúvida, o país estava eternizado em sua mente e em seu coração. Havia muito a viver e ela não fazia ideia do que ainda estava por vir. Como programado, todo o roteiro fora pensado como uma espécie de preparação para a visita ao deserto de Gobi. As recomendações tinham sido essas e ela as seguiria à risca.

Chegara a hora de se despedir de Hunbish, o trem os esperava. No deserto, ela e Temuulen seriam conduzidos por outro motorista. Hunbish fora uma figura importante naquela viagem. Mais do que motorista, ele se revelara um amigo, alguém de quem ela sempre se lembraria com um sorriso. Ele fez toda a diferença. Foi difícil a despedida, marcada por um abraço apertado, o peito espremido e no coração a esperança de um reencontro futuro.

Assim, eles deixaram Hunbish e seguiram em uma viagem lendária de trem na famosa Transiberiana. A ferrovia centenária corta três gigantes asiáticos, China, Mongólia e Rússia, e de uma ponta a outra ultrapassa nove mil quilômetros, cruzando oito fusos horários. Esse fora o meio de transporte eleito para cruzar de UB até Gobi.

As horas no trem, além de possibilitarem a admiração daquelas paisagens únicas, permitiram uma longa conversa. Zaya introduziu um assunto relevante dentro do intuito da viagem: Nicholas Roerich e a bandeira da paz.

Russo, nascido em São Petersburgo em 1874, Nicholas Roerich deixou em seu legado a presença de mensagens ocultas que teriam possível ligação com a pedra chintamani e com Shambala. Pintor, escritor, explorador, arqueólogo, entre tantas outras coisas, foi capaz de unir nações em prol de um pacto de paz, hoje conhecido mundialmente.

Em 1935, foi firmado nos Estados Unidos, com vinte e um representantes do continente americano, o Pacto Roerich, pacto das nações e da bandeira da paz. Tal pacto previa a proteção a instituições artísticas e científicas e a monumentos históricos em períodos de paz e de guerra com a ideia principal de difundir a paz pelo planeta. Ainda em vigor nos dias atuais, o pacto vem, com o passar das décadas, expandindo-se para os cinco continentes.

O desenho da bandeira da paz é formado por uma esfera maior que engloba três esferas menores dispostas como se formassem um triângulo, todas na cor vermelha, sobre um fundo branco. A escolha do vermelho representa o sangue, que é o mesmo para todos os humanos. Há muitas interpretações com relação à bandeira; as mais usuais são: o círculo maior representa a cultura e os três círculos menores representam a religião, a arte e ciência; outra interpretação é referente às realizações da humanidade, no passado, no presente e no futuro, guardadas dentro do círculo maior, que representa a eternidade. Esse é um símbolo muito antigo, encontrado em muitos lugares do mundo em diferentes culturas, escolhido por Roerich para tornar-se um símbolo de paz.

Em 1927, Nicholas fez uma expedição de cinco anos pela Ásia Central, passando por Índia, Tibete, Himalaias, Gobi e as cadeias de montanhas de Altai (fronteira entre Rússia, Mongólia, China e Cazaquistão). Nessa excursão, pintou quadros representando o que encontrava pelo caminho e algumas de suas crenças, por exemplo, a existência de povos dentro de montanhas, seres com auras e pedras que emanavam um brilho descomunal. Sua obra encontra-se espalhada por diversos museus e galerias pelo mundo.

Temuulen ficou atordoado com aquelas informações, pois, apesar de morar na Ásia Central, ainda não ouvira falar sobre Nicholas Roerich e seu legado. Então, começou a pesquisar e, para sua surpresa, encontrou informações similares em seu idioma, informações que corroboraram o que aquela jovem aprendiz lhe informara.

Os viajantes chegaram no deserto de Gobi de madrugada. Lá estava o novo motorista que os acompanharia pelos próximos dias. De pé, em frente à estação de trem, com um sorriso no rosto, estendeu a mão como um gesto de cumprimento ao encontrar seus novos companheiros de viagem.

O grau de atenção e gentileza com seus turistas era gigantesco. Eles foram capazes de mudar o acampamento em que ficariam naquela madrugada fria para que ficassem próximos ao monastério Khamar, o que facilitaria a visita noturna mencionada por Zaya como um de seus desejos. Estava perto de amanhecer quando finalmente puderam descansar.

Retorno de Saturno

Enfim, depois dos recortes pela infância, pela adolescência e pela vida adulta, volta-se ao momento presente. Chegamos a 2017, o ano marcado por vivências catárticas. Como uma ilha repleta de vulcões que resolvem simultaneamente despertar, entrando em erupção conjuntamente, assim fora o ano de Zaya. Esse era seu retorno de Saturno, borbulhante.

Ao total foram quatro viagens com o objetivo de expansão consciencial, em dois continentes, Ásia e América, passando pelo norte da Índia e pela Argentina, visitando o Monte Shasta, na Califórnia, e, por fim, a *tour* por parte da Mongólia. Em meio a isso, o reencontro e o desfecho de uma relação amorosa do passado não mais vivida, porém nunca encerrada, a separação judicial de uma parceria de trabalho, rupturas familiares, afastamento de amizades e, finalmente, o acerto de contas com o homem que manchara sua infância.

A chegada à década dos trinta anos exigiu muito empenho no processo de elaboração das questões de Zaya. Chegara o tempo de romper com padrões e relacionamentos dissonantes. As limpezas manifestaram-se em todos os níveis, em todas as formas de relação. Era como se todo o trabalho de análise e autoconhecimento dos anos anteriores tivesse culminado em 2017, na ruptura física com pessoas, trabalhos, lugares, memórias, escolhas, verdades. Chegara o momento literal de desligamentos e cortes. Retirar-se era preciso, e foi o que Zaya fez, em meio às linhas do poema que escreveu para retratar o ano que transformou suas estruturas.

Retirante

Ventos do Oeste sopraram no meu ouvido.
Te viram atrás dos montes, buscando abrigo.
Sem rumo, o horizonte seguiu.
Sem direção, destemido, partiu.

Sem despedidas, cartas ou abraços,
Acordou, se encorajou, o caminho trilhou,
Com ganas de desfazer seu passado.

Na mochila, expectativas de encontros.
Encontros consigo,
Encontros com amigos.

Ali os sonhos pareciam distantes,
Mas como seriam possíveis naquela terra de retirantes?

Uma amizade na encruzilhada,
Um afago ao pôr do sol,
Um trabalho ao acordar,
Um alimento para saciar,
Um abrigo ao se deitar.
Aos poucos, tudo assumia forma e lugar.

Uma vida a ser reconstruída.
Naquela manhã que no céu despontava,
Ao partir sem vestígios,
Deixava, sem abrigo,
As indagações inapropriadas.

Olhares enciumados,
O discurso ensaiado,
Das lástimas se afastava.
Por outra vida a retirante caminhava.

Ali a seca não estava na terra,
A seca habitava o coração dos homens amargos.
Manifestava-se na intolerância dos soberbos,
Na face dos humilhados.

Partir cruzando o tempo e o espaço,
Partir desconhecido, à espreita do anonimato.

Trilhar o caminho para o amanhã alcançar,
Trilhar o caminho para no amanhã repousar.

Sem saber, esse era o seu legado:
Retirar-se...
Novos lugares explorar.
Retirar-se...
Novas verdades acessar.
Retirar-se...
Para seus sonhos encontrar.

Assim segue a retirante,
Retirando-se
Para, um dia,
Seus pés descansar,
Sua morada fixar,
Sua alma sossegar.

Segue retirando-se
Para o seu lugar alcançar.

Além de rupturas, houve descobertas. O contato com o novo também teve espaço em meio ao turbilhão de acontecimentos, vivências e mudanças. No ano de 2017, Zaya teve seu primeiro contato com técnicas de origem indiana, a modalidade de yoga sivananda, que contempla a potente saudação ao sol, e o conhecimento milenar do tantra.

A experiência com o yoga ocorreu na Índia, em um local de retiro espiritual denominado ashram. Foram três dias em que Zaya teve a oportunidade de meditar às cinco horas da manhã e praticar o yoga ao nascer do sol. Apenas três dias foram suficientes para estabelecer uma ligação que mais tarde veio manifestar-se em seu dia a dia, tendo o yoga não apenas como prática corporal, mas como uma filosofia de vida.

A afinidade foi um vínculo estabelecido aos poucos. Sentia como algo transformador a oportunidade trazida pela prática do yoga de se comunicar com o corpo, de ouvi-lo, percebê-lo, enxergá-lo e aceitá-lo como é. Trazer suavidade e leveza aos movimentos por meio da força. Desconstruir a pressa e a ansiedade. Testar e respeitar os limites. Alcançar o inesperado. Conquistas graduais que convergem para a integração do corpo, da mente e do espírito.

O tantra, filosofia comportamental desenvolvida também na região da Índia, existe há milênios, antes mesmo de ser registrado em livros. Assim como o yoga, carrega o intuito do desenvolvimento integral do ser humano nos seus aspectos físico, mental e espiritual. Suas raízes trazem a ideia de que tudo no universo está conectado, entrelaçado, unido por meio de uma espécie de fio invisível cujo resultado é a união de todas as coisas, onde tudo conecta-se a tudo, inclusive ao todo. Para o tantra, cada parte do corpo humano possui uma consciência independente da consciência central (cérebro) e, desse modo, deve ser assumida não como um obstáculo, mas como um meio para o alcance do autoconhecimento.

Em um olhar minucioso, o yoga e o tantra são práticas que se complementam. Ambos trabalham fortemente por meio da prática da respiração, do respeito ao corpo, da presença, da construção de novas memórias em nível celular — no yoga por meio dos *asanas* ("posturas") e no tantra pelo toque. A recitação de mantras também é algo comum às duas filosofias.

Ambos, em sua essência, estão fortemente relacionados com a integração das forças masculina (Shiva) e feminina (Shakti) presentes em cada ser humano, Shiva como representação da consciência universal e do espírito e Shakti como símbolo da matéria e da pulsão criadora. Como o fogo e a chama, um não existe sem o outro. Para tais filosofias, o corpo é visto como uma parte da expressão divina, como caminho para ascender, visto que é um laboratório de percepções pelo qual todas as emoções passam. Logo, armazena sabedoria nata e poder de autocura.

O trabalho feito tanto por uma prática quanto por outra, por meio dos pranayamas, como denominam-se no yoga os exercícios de respiração, possibilita o equilíbrio das emoções, a oxigenação das células e o controle da energia vital (prana). É um exercício diário de trazer consciência ao corpo, de se fazer presente, sentir e viver o estado de presença no aqui e agora.

*N*o começo, os pranayamas eram desafiadores para Zaya, dotada de uma respiração curta e ofegante, reflexo de uma ansiedade crônica, de uma desconformidade enorme com seu existir, com seu corpo, com estar em um corpo humano. Era irritante para ela, pois não gostava de respirar e admitir isso não era fácil, mas essa era a sua realidade. Portanto, praticar tais exercícios demandava uma vontade gigantesca de mudança.

Dia após dia, com ou sem entusiasmo, ela sabia que era exatamente disso que precisava, então deveria persistir. O progresso era tímido, porém constante. Era notável a melhora no seu humor, na sua postura, na sua respiração, no seu sono, na sua saúde, no seu fortalecimento físico, tudo caminhava junto. Uma coisa puxava a outra. Ela, mais do que qualquer outra pessoa, percebia o que estava mudando, em especial na sua forma de se ver e sentir com relação ao corpo que ocupava.

Por sua vez, as sessões de tantra eram marcadas pelo formigamento de várias regiões do corpo, pelo frio em suas extremidades, mãos e pés, mesmo estando fisicamente aquecida. Era comum a sensação de uma corrente elétrica passando por todo o seu corpo. O choro sempre vinha à tona. Não podia controlar as lágrimas. No corpo, registros de repressão, culpa, medo, punição, julgamentos. Memórias amargas saltavam a sua tela mental durante a maioria das sessões.

Essa ferramenta contribuiu expressivamente com a ressignificação do pacote de verdades pressupostas sobre o corpo, o prazer, o sexo e a sexualidade, recebido em sua criação pelos seus pais, pela sociedade, pela escola, pelas pessoas com as quais se relacionara, pelo mundo que habitara. Contudo, quanto mais Zaya mergulhava em si mesma, mais reconhecia que a verdade estava dentro dela. E cabia exclusivamente a ela acessá-la. Desse modo, ninguém mais estava na posição de dizer a ela qual era a sua verdade. E isso tudo aconteceu meses antes de chegar à Mongólia.

Ela precisou de apenas três sessões para construir a força necessária para encarar seu abusador. Aquele encontro, cara a cara, demandaria uma coragem sem precedentes, coragem essa que foi obtida por meio do tantra e sustentada por tantas outras terapias experienciadas pelo caminho. As sessões foram, sem dúvida, um divisor de águas em sua vida.

Cara a cara com o inimigo

Dias após sua terceira sessão tântrica, Zaya viajara para sua cidade natal, certa de que seria o momento adequado para o enfrentamento do maior de todos os seus medos e de seu pior pesadelo. Ela decidira que ficaria cara a cara com o homem que abusara dela na infância. Isso depois de décadas sem vê-lo e de anos de muita terapia.

Zaya sabia como e onde encontrá-lo. Tomada de coragem, organizou o encontro com a ajuda de um amigo de infância e da mãe dele, que, apesar de relutantes, acabaram decidindo ajudá-la. Ninguém, além do seu amigo e da mãe dele, sabia sobre aquele encontro ou a decisão dela.

Minutos antes de ir ao local combinado, ela sentia um medo absurdo, porém não o suficiente para impedi-la da ação. Seus pés simplesmente congelaram. Eram como *icebergs*. Perdeu a sensibilidade deles no instante em que entrou no carro para dirigir-se ao local combinado. Não é possível explicar como ela dirigiu até lá. Seu corpo tremia, a voz não saía. Partes dela estavam aterrorizadas.

Ao chegar perto da casa, seu amigo veio até o carro para certificar-se de que ela realmente queria fazer aquilo. Ainda havia tempo para desistir. Para eles estava tudo bem se ela tivesse mudado de ideia. Todavia, convencido de que ela estava decidida com relação ao enfrentamento, deixou-a seguir até o monstro.

Minutos depois, face a face com o agressor, aquele medo sobrenatural deu lugar a uma raiva descomunal, que aumentava à medida que ela falava, e quanto mais raiva sentia, maior era a sensação de força perante aquele ser sombrio e inescrupuloso. Zaya sentia-se grande, enquanto ele diminuía perante seus olhos. Sem alterar o tom da sua fala e sem ofendê-lo, falou com a firmeza e a segurança de quem tinha total clareza do que aquele encontro representava para ambos.

Zaya não o deixara vir ao encontro dela, a distância entre eles era de pouco mais de um metro. Ela o pegou de surpresa quando revelou de súbito suas memórias e falou tudo o que estivera silenciado por todos aqueles anos. Ela foi contemplada por uma força extraordinária que, naquele momento, o paralisou em sua frente. Tudo o que ele conseguiu fazer foi andar para trás, abaixando e balançando a cabeça em sinal de negação, covardemente negando sua ação.

A criança ferida naquele momento era ferozmente defendida por uma mulher destemida. Zaya podia sentir que seus pais e seus ancestrais estavam todos ali, lado a lado. Era como se formassem uma barreira energética de proteção que a separava do agressor, que nem por um milésimo de segundo conseguiu dar um passo à frente em direção a ela a partir do momento em que Zaya deliberadamente iniciou o discurso que desmascarava aquele monstro para ele próprio.

Depois de tudo dito e aquele encontro encerrado, ela sentia-se o máximo, adulta e capaz de defender a sua criança interna ferida. Com o ar de quem alcança o inalcançável, Zaya, agora na companhia de seus amigos, voltou a tremer e a sentir um frio absurdo nos pés. A sensação dos pés congelados voltara.

Em poucos segundos, o tempo que durou o encontro, ela transferiu para ele o que carregara trancado a sete chaves consigo por mais de vinte anos. Aquele peso agora era dele, era ele quem iria carregá-lo. A partir daquele momento, sem dúvida, suas noites não seriam mais como antes. Zaya seguiria sua vida livre daquele transtorno e dos assombros do passado. Sobre o abusador, não se podia dizer o mesmo. E para registrar seu ato de bravura, um poema a menina-mulher escreveu.

Acerto de contas

O silêncio das palavras não ditas, do choro não chorado,
Foram vinte anos até o primeiro desabafo.
A criança assustada fez-se presente.
A adulta tentou redimir-se com ela, de forma contundente.

O fortalecimento daquela alma invadida chega
pouco a pouco.
De sessão em sessão, a criança, que não é mais uma menina,
vai virando o jogo.
A história dispara gatilhos dentro dela, a faz forte,
a faz se(r) Vera.

Os pais aqui já não estavam, outro plano eles habitavam.
Agora era só com ela.
Era um encontro com o monstro,
Cara a cara com o pior de todos os seus pesadelos,
Essa era a ideia do desfecho.

Os segundos converteram-se em horas.
O tempo parou,
O coração se agitou,
O corpo esfriou.

O frio das entranhas assustava aquele corpo com medo.
A hora cabal, enfim, chegou.
Frente a frente com o inimigo eu estou,
Ninguém ali, somente ele e eu, como tudo começou.
No entanto, agora, a menina cresceu
E bravamente se defendeu.

Eu podia sentir, eles manifestaram-se ali.
Uma barreira de luz se formou e o monstro paralisou.
Dessa vez foi correto, o agressor congelou.

Pego de surpresa com a vítima à espreita,
O jogo mudou.
O monstro revelou mais uma de suas faces:
Um covarde ele virou.

Ayahuasca e o expurgo final

Deixando sua cidade natal após aquele que representou o acerto de contas de sua vida, Zaya retornou à cidade onde agora faz morada. Saiu direto do aeroporto em direção ao sítio onde seria realizada uma cerimônia de ayahuasca.

O tempo estava cronometrado. Apesar do atraso, os organizadores amavelmente a aguardavam. Mesmo ansiosa, estava confiante de que aquele seria um ritual de exaltação por seu ato de bravura, afinal, quão corajosa teria sido ela ao enfrentar o seu pior pesadelo? Mal sabia ela que ainda teria a outra metade do caminho a percorrer com relação àquele tão sonhado desfecho.

A vida tem maneiras interessantes de curar feridas. No processo de afirmação do seu eu, Zaya aprendera que tudo bem experienciar; o universo era amplamente vasto para que ela se limitasse apenas a uma ferramenta, técnica, religião ou realidade. E vendo dessa maneira, poucos meses antes da viagem à Mongólia, ela aceitou o convite vindo de uma pessoa de sua confiança para ter uma experiência com a ayahuasca, depois de mais de um ano sem tomar o chá, pois Zaya já havia feito uso da bebida em situações pontuais no passado.

A ayahuasca, bebida enteógena produzida a partir da combinação entre plantas nativas da floresta amazônica, a chacrona e o mariri, respectivamente, uma árvore e um cipó, representando as forças feminina e masculina, também fora uma significativa ferramenta nas buscas de Zaya.

Esse chá cor de terra, mais ou menos escuro dependendo do feitio, que possui um cheiro marcante, é uma bebida de uso milenar por algumas tribos indígenas espalhadas pela Amazônia, atualmente difundida para vários países fora da América do Sul.

A ayahuasca entrou em sua vida por indicação de uma amiga como modo de trabalhar questões de controle em sua personalidade, e permaneceu por seis anos com usos esporádicos, sendo ingerida uma, duas ou no máximo três vezes ao ano.

Sua ingestão é altamente impactante e requer que a pessoa que decida fazê-lo tenha uma estrutura emocional e psíquica forte para lidar com os efeitos da expansão de consciência trazidos pelo seu consumo, de preferência que ela esteja em processo de análise, fazendo acompanhamento com psicólogo ou psicanalista de sua confiança. Seu uso se dá em contextos ritualísticos específicos, portanto não deve ser feito de forma aleatória ou compulsória.

As experiências de Zaya com a ayahuasca sempre eram vivências internas. Uma viagem dentro do seu corpo, como se ele se expandisse enormemente e ela mergulhasse em si mesma, visitando suas profundezas: corpo, mente e espírito. Ela via e sentia a ação daquelas plantas em conexão com o divino se manifestarem em seu ser. Eram, em geral, experiências únicas, altamente peculiares. Sempre carregadas de simbologia e aprendizado. Aquela não seria diferente das demais.

Em geral, até aquele momento, os rituais serviram para Zaya reconhecer questões muito doídas de sua existência e ter força para transcender tais eventos. Os rituais com a ayahuasca contribuíram para as desconstruções de crenças equivocadas, julgamentos e medos. A experiência com a ayahuasca foi determinante para limpar memórias armazenadas que não mais se faziam necessárias.

Entretanto, aquela era uma cerimônia que não se trataria de exaltação, como imaginado e idealizado internamente. Afinal, ela estava extremamente orgulhosa do seu desempenho: não é todo dia que se confrontam fantasmas do passado. E ela o fizera com bravura. Inocentemente, achava que receberia dos seus amigos e guardiões do astral exaltações pelo seu feito, mas não seria exatamente assim. Antes ela precisava passar pela exumação, e era disso que se tratava a cerimônia.

Após comungar da bebida, Zaya deitou-se sobre um colchonete, ali disposto no chão. A força da ayahuasca sobre ela era tão intensa que sempre sentia a necessidade de deitar-se assim que ingeria a bebida. Passados poucos minutos, os efeitos físicos começavam: sensação febril, tosse, frio e tremor pelo corpo, e momentos em que ela acreditou que iria vomitar. As sensações físicas eram fortes, mas nada se comparava ao que ocorria dentro dela.

A experiência de contato com o sentimento do medo e ataques psíquicos ocorreram do começo ao fim. Foram quatro horas de susto, medo e horror. Quanta memória assustadora armazenada naquele inconsciente. Era pavoroso tudo o que era ouvido, visto e sentido. Parecia um filme de terror. As mirações (visões que a bebida produz) eram assombrosas, não paravam de se apresentar em sua tela mental. Perseguição, gritos, imagens demoníacas, pânico, medo, sensação de ser atacada a qualquer momento, de estar vulnerável, desprotegida.

O medo vinha com força total e Zaya se contorcia no colchonete. Mas, quando a história ficava muito difícil, algo dentro dela dizia:

— Aqui você está protegida, nada de mal poderá acontecer com você! Confie.

E ela então tinha uns minutos de descanso até a próxima onda de terror manifestar-se dentro de si. E de novo a voz falava:

— Vai ficar tudo bem, você está protegida. Este local está blindado. Os guardiões desta casa estão cuidando de ti. Você não está só. Acredite.

Então, eram mais alguns minutos de respiro. Assim se estendiam as horas daquele ritual para Zaya: morrendo de pavor, mas sentindo-se protegida. Totalmente diferente das expectativas dela para aquele contato com a ayahuasca.

Depois de um tempo, Zaya estava mais fortalecida, e grande parte do medo havia sido exumado. Zaya percebeu-se como uma consciência livre, que, portanto, não poderia ser presa a ninguém nem a coisa alguma. A partir daquele momento, tudo mudou. O medo esvaiu-se por completo e ela assimilou que definitivamente era uma consciência livre, que não havia mais o que temer. Foi aí que tudo começou a harmonizar-se dentro dela. A cerimônia encerrou-se, ela estava completamente decepcionada e brava, pois ainda não tinha compreendido nada, absolutamente nada do que tinha acontecido. Estava se questionando sobre o que dera errado.

Nada fazia sentido. Voltou para sua casa aborrecida e frustrada, tentando esquecer aquela experiência desagradável e sombria. Somente cinco dias depois, a cerimônia formatou-se dentro dela. Zaya finalmente compreendeu a magnitude do ritual que vivera. Agora tudo fazia sentido. Envergonhada por seu julgamento precipitado, começou a se desculpar com seus guardiões, com a egrégora que orquestrara aquela vivência de depuração, com a força das plantas presentes no ritual.

Zaya tinha vivido aquela experiência aterrorizante pois precisava esvair todo o medo, pânico, sensação de vulnerabilidade e insegurança que carregava com relação àquele episódio em sua vida. Lá em sua cidade natal, frente a frente com o abusador, ela fora mantida firme por seus guardiões, mas ainda assim precisava limpar seu inconsciente, jogar fora todo aquele lixo que mantinha dentro de si. Ali naquele sítio, naquele ritual, com aquelas pessoas, era o momento ideal para eliminar aqueles monstros internos. E assim foi feito.

No momento da cerimônia, ela não conseguia perceber que aquilo era uma limpeza profunda e extremamente necessária para seguir livre dos traumas que aquela violência na infância lhe ocasionara. Era preciso exumar, expurgar, esvair, varrer do seu consciente e do seu inconsciente toda a sujeira que carregava. Foi isso que a ayahuasca fez. Limpou. Varreu completamente todo o lixo guardado ali. Gerou espaço para novas experiências. Libertou-a do passado.

Em geral, é dessa maneira que a ayahuasca age. Apesar de apresentar-se como assustadora, na experiência a planta age com sabedoria e perfeição. Mas de fato é preciso ter maturidade emocional e psíquica para compreender o que se vive em cada um desses rituais; caso contrário, a experiência, que é para ser de cura, limpeza e libertação, torna-se um verdadeiro pesadelo e, ao invés de contribuir, causa transtorno e dor.

Manjusri, bodhisattva da sabedoria

Em uma das visitas a templos budistas, Zaya avistou um lama mongol sentado do lado de fora do templo, cantando para uma mulher. Zaya rapidamente perguntou ao seu guia o que era aquilo. Temuulen prestativamente explicou que alguns lamas fazem a leitura de escrituras sagradas para os visitantes e, em seguida, cantam mantras direcionados para abrir caminhos naquele ano. Não bastou mais nada, lá foi Zaya aguardar sua vez para ser atendida pelo lama e, dessa maneira, ouvir o seu mantra correspondente para aquele ano.

No processo de tradução, Temuulen relatou que o lama estava recomendando que Zaya visitasse o monastério Manjusri. Ela questionou o porquê daquela recomendação. Temuulen explicou que era decorrente da leitura feita pelo lama relacionando mês e ano de nascimento somados com algumas outras características pessoais que foram identificadas. Desse modo, o lama deduziu que a divindade Manjusri era aquela à qual Zaya estava conectada espiritualmente naquele período.

Era a primeira vez que Zaya ouvia sobre aquela divindade. Temuulen explicou que aquilo não era comum, pois geralmente os lamas são silenciosos. Zaya agradeceu e seguiu para a próxima visita, conforme o itinerário do dia.

Ao retornar para UB, a dupla se dirigiu às ruínas do monastério Manjusri, localizado a aproximadamente quinze quilômetros da capital. Lá, Zaya descobriu que esse antigo templo budista fora fundado em 1733 e destruído pelo regime comunista em 1937. Portanto, a construção existente no local, onde estava a estátua da divindade, não era a original.

A construção feita em uma parte um pouco mais alta da montanha, em meio às ruínas do templo original, era de madeira, pintada do lado de fora em um tom vermelho, e tinha dois andares. Nas portas, pinturas relacionadas ao budismo davam um ar religioso à construção.

A história vivida ali foi curiosa. Temuulen e Zaya caminharam pelas ruínas e depois seguiram rumo ao novo templo. O local estava cheio de turistas e muitas crianças brincando pela área. Ao chegarem, viram que o templo se encontrava trancado e que não seria possível fazer a visitação interna. Zaya sentiu-se parcialmente frustrada, pois tinham sido duas horas no trânsito para chegar até lá. Essa era umas das desvantagens de transitar pelos arredores de UB: tráfego intenso.

Para recuperar o fôlego, encostaram-se na área externa e ficaram admirando os desenhos presentes na porta de entrada. Ali, abraçada a uma viga de madeira que sustentava a construção, Zaya questionou:

— Temuulen, por que um local turístico cheio de gente está trancado? É por que estamos em um dia de semana ou alguma outra razão?

Então, o guia respondeu que o governo havia determinado o fechamento daquele templo por falta de recursos humanos e financeiros.

Temuulen e Zaya conversaram sobre o significado de Manjusri. Ele explicou que a divindade representa um dos oito *bodhisattvas* da sabedoria (no budismo, *bodhisattva* quer dizer "um ser iluminado"). Ele mencionou ainda que Manjusri é descrito como um *bodhisattva* masculino, e que em sua mão direita segura uma espada flamejante que representa o poder da sabedoria que corta a ignorância, considerada a origem de todo o sofrimento, e em sua mão esquerda uma escritura representando sua conquista do florescimento da sabedoria. A estátua dessa divindade geralmente aparece sobre um leão azul ou sentada na pele de um leão.

A metáfora é que o uso da sabedoria é capaz de domesticar a mente, ali representada por um leão feroz.

Cinco minutos após Temuulen dizer a Zaya que em seus anos de guia nunca tinha encontrado aquele templo aberto, surgiu uma moça com um molho de chaves nas mãos, aproximando-se timidamente dele. Eles conversaram em mongol, e Temuulen fez um gesto afirmativo com a cabeça. Em seguida, olhou surpreso para Zaya. Ela, inquieta, questionou se era o que imaginava, ao que ele respondeu afirmativamente. Sim, aquela era a moça responsável por abrir o templo.

A moça com o molho de chaves nas mãos havia perguntado a Temuulen se queria que o abrisse para visitá-lo, e ele prontamente afirmou que sim. Zaya ria por dentro ao perceber que, sim, aquilo estava acontecendo. O templo seria aberto e visitado por ela, como recomendado pelo lama mongol.

A moça gentilmente se dirigiu até a porta, abriu-a e aguardou pacientemente que os dois fizessem a visita. Temuulen mostrou a imagem de Manjusri, Zaya fez suas orações e oferendas como manda a tradição local, agradeceu e seguiu em direção à porta de saída. Ao finalizarem a visita, a moça simplesmente trancou novamente a porta e se foi. Desapareceu no meio dos turistas que ali estavam, sumiu da mesma forma que aparecera, sem ser percebida. Zaya e Temuulen se olhavam atordoados, como se estivessem um aguardando do outro a confirmação de que realmente tinha acontecido o que acabara de ocorrer.

Sem pressa, sendo aquela a única atividade programada para aquele dia, eles permaneceram ali, na área externa, por mais uns minutos, contemplando a paisagem e assimilando o que ocorrera. Depois se entreolharam. Eles sabiam, era hora de retornar a UB.

Monastério Khamar

Era o décimo primeiro dia de viagem, e muitas haviam sido as experiências até ali. A preparação tinha sido levada muito a sério e chegara a hora de finalmente visitar o famoso e misterioso monastério Khamar, no coração do deserto de Gobi.

Naquele dia levantaram mais tarde que de costume. Zaya tinha em mente o que desejava fazer. Após o café da manhã, seguiram para a área do monastério. Primeiro, pararam para visitar templos budistas reconstruídos em uma região designada por Danzan Rabjaa. Ali, visitaram três templos, um deles administrado por mulheres, monjas, onde Zaya sentiu algo acolhedor.

No terceiro templo havia um jogo com ossos de tornozelos de cordeiro, famoso na Mongólia, cujo resultado está associado à qualidade do ano do jogador. Se tirar menos de seis faces iguais dos ossos, é sinal de um ano ruim, se tirar entre sete e doze, o ano será bom, e se o jogador alcançar treze ou mais faces iguais, o ano será especial. São três tentativas.

Incentivada pelo guia, Zaya decidiu jogar e, para sua surpresa e a de Temuulen, conquistou as treze faces iguais, o que representava que seu ano seguinte seria incrível. O guia não teve tanta sorte assim, conseguiu apenas sete partes iguais.

Após a visita aos monastérios, dirigiram-se à entrada de Khamar. Como avisado previamente a Temuulen, Zaya iria olhar, caminhar com o guia pela área interna das estupas, escutar as explicações convencionais dadas aos turistas e tirar fotos, mas voltaria em outro momento para passar pela parte externa dos 108 templos ou estupas, como também são chamados, caminhando pelos quatro quadrantes da esquerda para a direita, no sentido horário. E assim foi feito.

Enquanto estava visitando, Zaya observava que nenhum dos turistas fazia o trajeto por fora das 108 estupas, todos eles passavam somente por dentro. Ela achou estranho, considerou que possivelmente tivessem informações privilegiadas sobre aquele local. Nem Temuulen, que estivera lá inúmeras vezes, havia passado por fora.

Ao finalizarem a visita, Temuulen explicou à jovem aventureira que havia outros dezessete ou dezoito templos fora do monastério Khamar, que foram construídos representando o caminho de peregrinação para se chegar a Khamar. Zaya, que desconhecia esse caminho, achou interessante e decidiu que faria como havia explicado o guia, para então entrar em Khamar e passar pelos 108 templos.

Era por volta de meio-dia, e Zaya, apesar de ter tomando café da manhã tarde, decidiu que iria almoçar antes de realizar o percurso. Explicou para Temuulen o que planejava fazer, informou que ele e o motorista poderiam voltar para o acampamento para descansar e combinou o horário para buscá-la, por volta de quatro da tarde. Despediram-se e Zaya ficou só em meio àquele local desconhecido.

Com sua jaqueta amarrada na cintura e uma garrafa de água pendurada na roupa, Zaya observara que tinha para almoçar algumas frutas e uma barra de chocolate. Feliz, caminhou em direção ao monastério administrado pelas monjas e se sentou relaxadamente na área externa. Pegou sua maçã e a comeu saboreando cada pedaço. Enquanto comia, pensava: *O que posso deixar como oferenda em agradecimento nesse percurso?*

Na Mongólia, é muito comum o ato de deixar oferendas em todas as partes. Apesar de serem pobres em sua maioria, os mongóis oferecem doces, incensos, dinheiro, vodca, leite e outras coisas que consideram importantes. Existe uma cultura de gratidão muito forte no país. Acredita-se que a doação gera a multiplicação.

Ao comer suas primeiras uvas, Zaya pensou que poderia usá-las como oferenda: eram uns dezessete templos até Khamar, poderia oferecer uma uva para cada um dos templos que formavam o caminho até a entrada do monastério.

Enquanto pensava, como tinha fome, continuou a comer suas doces uvas. Quando enfim saciou sua fome, decidiu contar para saber se teria uvas suficientes e, acredite ou não, havia sobrado em suas mãos exatamente o número de uvas correspondente ao número de templos, nenhuma a mais, nenhuma a menos. Zaya vibrou de alegria ao terminar de contar. Entendia aquilo como um sinal de que estava no caminho correto.

Alimentada, caminhou até o primeiro templo, indicado pelo guia, e invocando a companhia e a proteção de sua egrégora, iniciou sua jornada rumo àquele lugar de muitos mistérios. Jogando uma uva em cada estupa que delimitava o caminho, foi mentalizando um sincero pedido de perdão a todos aqueles que havia de alguma maneira magoado ou a quem tinha feito mal, inclusive a si mesma. Para aumentar a sintonia, ouvia mantras, o que tornou a caminhada leve e rápida.

O percurso foi feito em uma hora e vinte minutos. Em um momento durante a caminhada no qual agradecia a seus pais e ancestrais, não pode conter as lágrimas em seu rosto. Foi emocionante. Seu corpo arrepiou-se por inteiro e podia sentir seus pais segurando suas mãos, seu pai do lado direito e sua mãe do lado esquerdo. Juntos caminharam até próximo à entrada.

Na reta na qual se tem a visão completa da entrada do monastério Khamar, onde estão as 108 estupas, veio involuntariamente à sua mente a imagem de pessoas que eram importantes em sua vida, uma a uma, amigos, familiares, profissionais, professores, pessoas que ela admirava. À medida que Zaya caminhava, aproximando-se de Khamar, apareciam rostos em sua tela mental, e assim, cercada por essa energia de seus bons amigos, foi agradecendo um a um por fazerem parte de sua vida e a terem conduzido àquela jornada.

Na primeira passagem pelas 108 estupas, caminhando da esquerda para direita, não ocorreu nada de extraordinário além de todas essas sensações pelo caminho. Apesar da concentração e do sentimento de gratidão, nada do que ouvira ou lera a respeito aconteceu, o tal "momento extraordinário". O que não foi motivo para Zaya desistir. Pelo contrário, ela sabia que tinha algo ali e ela viveria isso durante os três dias que passaria naquele deserto.

Terminada a volta pelas estupas, ainda havia tempo livre. Zaya aproveitou para ir até os círculos no chão (manchas no solo) que havia dentro da área do monastério para observar sua diferente coloração. O guia tinha explicado horas antes que pessoas do mundo todo iam até lá e se deitavam no chão. Afirma-se na Mongólia que aquelas manchas têm o poder de curar doenças e mal-estar. Os três círculos existentes naturalmente ali representam um poderoso centro de energia telúrica para os mongóis. Na história local, há relatos de nativos e turistas que foram curados ao permanecer ali deitados por alguns minutos, colocando seus corpos em contato direto com aquela terra avermelhada.

Zaya estava de pé dentro de um dos círculos quando um grupo de turistas se aproximou. Uma mulher veio até ela e começou a falar em uma língua estrangeira desconhecida. Sem ter ideia do que estava sendo dito, Zaya tentou comunicar-se nos idiomas que dominava. Infelizmente, sem sucesso. Contudo, a moça não desistiu e começou a mostrar com gestos que era para Zaya deitar-se no chão, ou pelo menos foi o que Zaya interpretou.

Zaya tirou os sapatos, se deitou dentro do círculo, e o restante do grupo se aproximou e começou a espalhar pedras sobre seu corpo. A mulher colocou pedras em sua barriga, entre os dedos dos pés e das mãos, na garganta, na cabeça. O grupo agia com naturalidade, como se fossem amigos de longa data e aquela ação fosse corriqueira. Depois de dispor as pedras por todo o corpo de Zaya, o grupo simplesmente se afastou até se perder no horizonte.

Zaya permaneceu deitada com aquelas pedras espalhadas sobre seu corpo por alguns minutos, o sol a acariciava com seus raios quentinhos em meio ao vento frio do deserto. Aproveitando que estava ali, mentalizou o realinhamento de seus *chakras* (centros de energia presentes no corpo). Foi algo intrigante e, ao mesmo tempo, um presente. Havia poucos turistas, de oito a doze, não mais que isso. E naquele instante, Zaya era a única a relaxar seu corpo naquela mancha de solo sem pressa para se levantar.

Temuulen chegou no horário combinado, o que a deixou muito feliz, já que ela sentia uma fome gigantesca e queria se deleitar com uma refeição quentinha. Além disso, não havia descansado o suficiente devido à curta noite de sono. Estava morta de cansaço ao retornar ao acampamento. Foi o tempo exato de comer e, em seguida, dormir profundamente.

Ao dormir, Zaya teve um pesadelo. Ela acordou com medo e com o corpo tremendo, ouvira vozes tentando inibi-la da decisão. Seria esse um sinal para ela não visitar as estupas à noite? Havia lendas acerca daquele local. Os mongóis afirmavam não ser indicado ir lá durante a noite e, no geral, as pessoas não faziam isso, a explicação é que havia *ghosts*, seres intraterrenos (que habitam as profundezas do subsolo) que moravam lá e que não gostavam de importunação, portanto poderiam ser perigosos com penetras ou aventureiros noturnos.

Sem dúvida há consciências que guardam aquele e todos os demais locais sagrados. E essas consciências protegem o local de seres não ressonantes com a energia presente. Se não é bem-vindo, por uma razão ou por outra, não permanecerá. A egrégora local encontra maneiras de manter somente os que estão em harmonia com o desígnio daquele monastério. Isso é uma constante. Os ressonantes permanecem; os dissonantes são afastados.

Contudo, nem as histórias locais nem o pesadelo foram suficientes para inibir Zaya. Ela tinha um propósito, viajara trinta e nove horas, atravessara o globo e estava há dez dias se preparando para estar exatamente naquele local. Ela tivera diversas evidências indicando que estava protegida, que aquela era uma viagem guiada por consciências de luz, que estava exatamente onde deveria estar e que a Mongólia era parte da sua expansão de consciência e do seu processo de despertar. Determinada a fazer a visita, respirou profundamente, recuperou-se do medo criado pelo pesadelo e informou ao guia que estava pronta para a sua segunda visita às estupas.

Ao chegarem, o motorista permaneceu no carro, estava frio e ele não demonstrara o menor interesse em participar daquela experiência. Zaya pediu a Temuulen que a acompanhasse. Fosse por interesse na experiência ou por cavalheirismo, ele educadamente aceitou.

Era a primeira vez que Temuulen iria passar por fora, percorrendo as 108 estupas. Zaya, sabendo o que aquilo representava em termos de despertar consciencial, sentira-se lisonjeada por estar ao lado dele. E, claro, nitidamente ele transmitia segurança a ela diante daquele completo breu.

Fizeram o percurso parte conversando para aliviar a tensão, parte em silêncio. Zaya agradecia aos seus guias por aquela oportunidade, e a cada passo sentia-se mais encorajada. Chegando ao final, foram agraciados com uma estrela cadente cruzando o céu, por sinal algo muito comum na Mongólia. Os aventureiros retornaram ao acampamento e deleitaram-se naquela que seria uma restauradora noite de sono.

A percepção de Zaya sobre esse dia era que havia sido o mais longo de todos daquela viagem. Ela sentia como se as horas tivessem sido congeladas. O ponteiro não andava. A sensação era de que o relógio estava parado. Possivelmente fora mesmo assim, por ser o momento que precedia o grande dia!

Religare

A noite fora revigorante, e o acordar foi antes do nascer do sol. Às 5h30 da manhã estavam de pé. Tinham combinado que assistiriam ao nascer do sol na região do monastério Khamar. Às seis horas chegaram a um lugar considerado sagrado na Mongólia: seios de uma mãe, duas montanhas com formato parecido com mamas.

Pessoas ritualisticamente caminham ao redor delas por três vezes e, ao caminharem, jogam leite sobre as montanhas. Uma representação da fertilidade, da gestação, da mulher que amamenta. Mulheres que conseguiram engravidar tendo diagnósticos médicos contrários à fertilidade se dirigem a esse local para agradecer, e as que desejam engravidar e apresentam dificuldade vão em busca de um milagre. Ali, observando aquelas pessoas tomadas por suas crenças, carregadas de fé, eles viram o majestoso nascer do sol mongol.

Depois de assistir ao espetáculo matinal, os três seguiram, por volta de umas 7h40 da manhã, para a área das estupas no monastério Khamar. Zaya estava determinada a fazer sozinha novamente a passagem por aquelas 108 estupas. Ela tinha decidido que nos três dias que passaria naquela região faria aquele ritual pela manhã e durante a noite. Esse era seu objetivo e ela estava obstinada a cumpri-lo.

Pediu licença ao guia e ao motorista e informou que demoraria e que não era para se preocuparem. E assim iniciou sua terceira volta externa pelas 108 estupas. Caminhou em estado de meditação, de presença, de conexão com o todo. Conscientemente sabia que ali era o único local do planeta onde ela desejava estar, e por essa razão estava entregue, inteira, imersa em um sentimento de total gratidão. Sua alma sorria feliz.

Chegou ao primeiro canto dos quatro quadrantes que formavam a área do monastério e seguiu caminhando lentamente, porém com passos firmes. Alcançou o segundo, seguiu aberta, convicta. Ao chegar ao terceiro canto, viu o sol frente a frente. O astro rei estava luminoso e convidativo. Sentiu que era ali o local. Parou, respirou fundo, suavizou a mente, encostou as costas em uma das estupas e admirou o sol por instantes.

Sem pressa de voltar, sentiu os raios do sol tocarem sua face. Então, fechou os olhos para o externo e os abriu para dentro. Somente assim, pôde enxergar. Naquele instante, seus poros, seus ossos, suas moléculas, sua pele, seus músculos, suas articulações, seu corpo por completo acessava o todo, o absoluto que também nela habitava.

Parada ali, visualizou um raio de luz lilás vindo do céu, saindo do centro da Via Láctea, e outro de cor verde, vindo do centro da Terra, de Gaia. O verde subia, o lilás descia, ambos se tocaram em um ponto dentro do seu corpo, em sua pineal. A conexão entre o lilás e o verde, dispostos verticalmente, criou instantaneamente um terceiro raio de luz que saía de sua pineal de forma horizontal, formando um leque de cores. Assim ficou por um tempo.

Os raios de luz em seu corpo geraram uma espécie de torpor. De repente, apareceu um campo amplo de luz que se expandia para várias direções no formato de raios, fótons, luz. Agora não eram apenas três raios, eram inúmeros, incontáveis. Tudo brilhava ao seu redor, era uma verdadeira explosão de cores.

Depois dessa explosão de luzes vinda do ventre de Gaia e do céu, Zaya viu sendo colocado em seu corpo uma espécie de *print*. Pôde identificar o símbolo da bandeira da paz; chintamani estava sendo gravado em seu coração, em sua pineal e, um a um, em todos os seus *chakras*. Isso era algo realmente surpreendente.

Zaya estava perplexa, em estado de gozo, tamanha era sua plenitude. Seu corpo pulsava, emanava vida, que borbulhava em cada uma de suas moléculas como nunca sentira. Percebeu a expansão do seu corpo como se ele fosse inflado como uma bexiga, ganhando espaço interno.

Depois de ver e sentir o símbolo da bandeira da paz em seu coração, sua pineal e seus *chakras*, Zaya acompanhou fascinada aquele símbolo se espalhar por toda a sua corrente sanguínea. Eram dezenas, centenas de símbolos espalhando-se, multiplicando-se, brotando em seu corpo. Uma explosão ocorria dentro e fora.

Em instantes, o símbolo estava em todo o seu corpo. Subindo e descendo, seguindo o fluxo sanguíneo. Ela era banhada por aquela energia, tudo vibrava. Simultaneamente, uma voz falava dentro da sua cabeça: *Recorde, você é uma mensageira da paz. É tempo, você precisa lembrar. Há muito a ser feito!* O corpo reconhecia aquela voz, era uma voz amiga. Ressoava harmonicamente em sua alma. Sentia-a protegida ao ouvi-la.

Seu ser provava uma sensação de paz absoluta e uma quietude nunca experienciada. Era um turbilhão invisível aos olhos externos que trazia consigo o apaziguamento daquela alma sedenta por reconexões, reencontros e respostas.

Era um desconcertante que consertava. Um genuíno deleitar-se em um *recuerdo*. Seu coração batia como se tivesse acabado de nascer. Seu corpo inebriava-se de contentamento. Suas células pulsavam extasiadas, sua mente silenciada aceitava o que estava além de sua compreensão.

Cada parte daquele corpo humano sentia aquela vivência transcendental. Era um respirar conjunto, cada um dos seus poros provava, sentia, acessava, recordava. Pode-se descrever como um ato de expansão súbita de consciência. Sua mente crítica e racional saiu de cena para dar espaço à magia do sentir, visto que a magia não se racionaliza, a magia simplesmente se sente. E foi sentindo que ela viveu a experiência mais fascinante de seus dias.

Viveu o exato significado da palavra *religare*. Zaya relembrou, acessou, recordou, reconectou-se, religou a fonte primordial criadora do universo. Ali parada, quietinha, ela fez sua viagem a Shambala, a viagem para dentro de si. Nas profundezas do seu Eu Sou, navegou.

Um aspecto não menos importante a ser observado é o fato de Zaya ter vivido tal experiência em sua terceira passagem pelas estupas. Não foi na primeira, nem na segunda. Foi na terceira. E o número três está relacionado à espiritualidade, à trindade divina, que fala de integração e totalidade. Além disso, é o número representado pelo triângulo, manifestando a união dos três planos: físico, mental e espiritual. Tais aspectos descrevem com exatidão o que foi vivido por ela naquele deserto. A síntese do que foi acessado naquele lugar seria compilada anos mais tarde por ela, no formato de um singelo poema, compartilhado a seguir.

Amanhecer

O que aconteceu naquele amanhecer?
As entranhas da minha alma não podem negar o que se fez viver.
Borbulhas de fogo eu senti no ar,
Estavam todos lá,
Nem com olhos abertos puderam enxergar.

Eu juro, portais invisíveis eu pude atravessar,
Era impressionante naquilo acreditar.
Chuva de consciências me embriagava de prazer,
Raios de luz se fizeram perceber.
Tudo ali, e somente eu podia ver.
Eita experiência difícil de descrever!

Partículas de luz caminham ao bel-prazer,
Em meu sangue se puseram a correr.
Com elas posso reviver,
Acessar o que antes estava adormecido até aquele amanhecer.

A mensagem era clara:
"Filha...
Olhe sua jornada.
Estamos juntos.
Mensageiros da paz sempre vamos ser.
Já é tempo.
Desperte,
Nós precisamos de você".
Eu viajei por caminhos desconhecidos,
Experiências como essa são raras de se viver.

O mundo segue lá fora,
Mas aqui só há meu eu em contato com meu próprio ser.

Palavras não bastam para o que eu quero dizer.
Vi chuva de cores, senti meu corpo aquecer.
Outro tempo, outra história.
Já é tempo para renascer.
A luz bate à porta,
Mas poucos irão perceber.

A sensação no corpo físico era de que aquela experiência tinha durado não mais que uma fração de segundo. No entanto, havia se passado mais de uma hora quando Zaya voltou ao local combinado. E a passagem pelas 108 estupas, se feita de forma contínua, deveria levar entre dez e quinze minutos. Temuulen se aproximou e questionou se estava tudo bem. Como ela não tinha condições de descrever o que acabara de acontecer, apenas balançou a cabeça em sinal afirmativo e sorriu com olhos. Era tudo o que conseguia expressar.

O despertar coletivo

De volta ao acampamento, naquela tarde, Temuulen a surpreendeu com a revelação de um sonho que tivera enquanto tirava um cochilo vespertino. Ele estava visivelmente mexido. Seu corpo tremia. Ainda agitado, relatou que no sonho ele se via em um jogo de videogame. Nas primeiras vezes, ele era morto rapidamente. No entanto, a cada nova vida, ele conseguia ir um pouco mais distante do que fora na vez anterior. Era como um jogo constituído de fases, só passaria para a fase seguinte se completasse a anterior. E em sua última vida, ele sabia exatamente o que fazer. Dessa maneira ele sobrevivia, tendo êxito sobre seus inimigos.

Impressionada com a sincronicidade entre o sonho e a passagem dele pelas estupas no monastério Khamar, na noite anterior, Zaya tentou explicar a ele o que possivelmente teria ocorrido. Para ela, os sonhos eram um modo de comunicação. O inconsciente se manifestando de forma simbólica ou metafórica sobre algo que estava sendo vivido, trabalhado ou elaborado internamente pela pessoa.

Uma das possíveis interpretações para aquele sonho era que, ao passar pelo lado externo das estupas em sentido horário, ele dera um expressivo passo com relação ao seu despertar consciencial. O sonho mostrava que a cada nova vida ele sabia algo a mais, ia um pouco mais longe naquela fase. Essa era a representação dele enxergando além do óbvio. Vendo através da senda.

Aquela passagem ativara algo dentro dele. Pouco a pouco ele saberia o que fazer. Bastava confiar em sua intuição. Ele recebeu, por meio daquele sonho, a informação de que, ao conseguir se conectar com sua própria essência, com sua sabedoria divina, ele alcançaria êxitos inimagináveis.

O relato de Temuulen levara Zaya a se recordar de um filme a que assistira. Chegou a comentar com ele e a mostrar o trailer, mas ele afirmou nunca ter visto. No filme, acontecia algo semelhante: o protagonista acordava em seu quarto e era atacado, morrendo logo em seguida. No entanto, ele recebia uma nova chance, voltava, acordava novamente, e a cada nova vida ele vivia minutos a mais que na anterior.

Os minutos que ganhava garantiam mais tempo para ele se preparar para o ataque que literalmente batia à porta. Pouco a pouco, vida a vida, ele ia despertando, e o seu despertar (expansão de consciência) provocava um efeito semelhante na pessoa que estava com ele. Uma espécie de despertar em cadeia, no qual a luz gerada pela consciência de um desperto emana luz aos que estão ao redor, possibilitando, desse modo, um despertar coletivo.

Os sonhos estiveram presentes na vida de Zaya desde a sua infância e também representavam um modo de comunicação em busca do encontro consigo mesma, do seu amadurecimento pessoal. Essa era outra chave de acesso muito importante em sua jornada, seu inconsciente trazendo de maneira metafórica informações sobre processos internos, e isso era algo que a deixava curiosa e instigada a continuadamente decifrar.

Quando criança, tivera pesadelos, e, na vida adulta, os sonhos se tornaram companheiros noturnos quase diários, com mensagens codificadas que ela insistentemente tentava desvendar. Tornara-se parte de sua rotina escrever, narrar e tentar compreender a mensagem presente em seus sonhos. À medida que ampliava o seu autoconhecimento, tornava-se mais afinada nesse revelar.

Khamar: a despedida

Zaya acordou novamente por volta das oito da noite e mais uma vez sentia um medo absurdo. Algo lhe assombrara, recordava que tivera pesadelos novamente naquele cochilo vespertino. Pensou em desistir; já tinha vivido a mágica experiência naquela manhã. Ao mesmo tempo, uma voz interna dizia:

— Vá. Cumpra o que se comprometeu a fazer. Seja maior do que seus medos, seja maior do que seus fantasmas!

Em um ímpeto, Zaya levantou-se e foi ao encontro de Temuulen e do motorista, para seguirem novamente a Khamar. No caminho, ela decidira que aquela noite faria sozinha o percurso ao redor das 108 estupas, por mais medo que estivesse sentindo em meio à vastidão daquele deserto.

Chegando ao local, pediu a Temuulen que a esperasse na frente da imagem de Buda, localizada na entrada do monastério. Ele assentiu sem questioná-la. Eles tinham uma sincronicidade fora do comum e se entendiam apenas pelo olhar.

Zaya deu o primeiro passo; não sabia se chegaria ao final, mas ao menos tentaria. A cada passo, o medo dava lugar à confiança. Ela, sagaz, concentrava seu olhar nas estrelas e era para elas que olhava enquanto completava sua quarta volta ao redor das estupas.

Como um presente pela sua coragem, Zaya viu pelo segundo dia consecutivo uma estrela cadente cruzando o céu. Foi de tirar o fôlego. Rapidamente finalizou o percurso e se dirigiu ao monumento da entrada. Ali, humildemente agradeceu às forças guardiãs daquele santuário por terem permitido a ela estar lá e viver tudo aquilo.

De volta ao acampamento, Zaya decidiu que queria passar mais um tempo observando as estrelas. O céu estava incrível, excepcionalmente iluminado. Temuulen, em sua genuína gentileza, pediu aos donos do acampamento que apagassem as luzes externas para que a luz das estrelas pudesse ser mais bem observada por Zaya, mesmo sendo essa uma espécie de código — acampamento com luzes externas acesas representava que havia *gers* disponíveis a turistas para pernoites, enquanto a luz apagada dizia que não tinham mais disponibilidade.

Em meio àquela gentileza, Zaya enamorou-se diante daquele céu divinamente estrelado. Teve o privilégio de ver outras quatro estrelas cadentes, totalizando cinco em uma única noite. Zaya não sabia se tinha visto esse número de estrelas cadentes em sua vida inteira.

A Mongólia decidira presenteá-la em diferentes aspectos e de diversas formas. Esse era um deles. Estrelas cortando o céu que deixaram rastros de reflexões em sua mente juntamente com a integração de um precioso ensinamento. Naquela noite, as consciências cósmicas orquestraram em Zaya a consolidação de conceitos referentes ao estudo dos corpos sutis, corpos esses que, como sabido por ela, coexistem com seu corpo físico. Em seu ouvido, as estrelas sussurraram e a aventureira em uma poesia o manifestou.

O passeio pelos corpos sutis

O poder não vem do alto ou de fora,
Os corpos coexistem sobrepostos neste ser que sou agora.
O corpo átmico a Deus me conectou.
A centelha divina em mim se formatou.
Um ser micro e macrocosmo eu reconheço que sou.

Breves acessos,
De tempos em tempos,
Me levam aos caminhos percorridos, agora apagados
em meu corpo divino.
No corpo búdico estou.
Registros silenciosos, este é o plano do criador.

Quando aceito que as respostas estão dentro,
O poder cocriacional manifestado foi.
Veja... estou falando do mental superior.

Os desejos revelam-se distantes quando a consciência não se expande.
Equivocadamente, peço a uma força externa.
Com os ouvidos lá fora,
Subverto o que sou.

Trabalhar a racionalidade,
Transformar os pensamentos,
Sua mente, enfim, ressignificou.
Aqui temos o mental inferior.

Os aqui denominados mental superior e mental inferior
Trabalham em conjunto entre o elétrico e o magnético.
Entre o céu e a terra, sim, eu estou.

O laboratório de emoções
É no corpo astral que se conjugou.
Grava as emoções que o corpo saboreou.

Chegamos ao duplo etéreo,
Um realinhamento se propôs.
Por meio da meditação e através da visualização,
Esse, então, se materializou.

Por fim, a matéria se formou,
Ossos, músculos, nervos.
Aqui chegou. Em formato de humana, na Terra aterrissou,
E assim o meu corpo físico se configurou.

Em manifesto recito:
Que mágico é o corpo humano!
Muitos formam um,
E esse um o faz criador.

É na expansão que, no passado, o passado ficou.
Corpos fortalecidos,
Integrados,
Reconhecidos,
Livre estou.
Uma consciência nova em mim se manifestou!

A manhã seguinte fora de despedida daquele santuário a céu aberto no meio do deserto. Chegara a hora de dar adeus às estupas. Zaya genuinamente agradeceu por todo o recebido durante aqueles dias. Tudo o que vivera fora sem precedentes. Tudo o que sentira fora transformador. Ela tinha recebido muito mais do que suas melhores expectativas. Fora a viagem dos sonhos!

Deixando o monastério Khamar para trás, os aventureiros Temuulen e Zaya se dirigiram a Sainshand. Na cidade está localizado o museu do santo mongol Danzan Rabjaa. Era real. Ela conferiria pessoalmente. Ali estavam expostos artigos daquele homem que determinara a localização do monastério Khamar e dos outros monastérios ao redor. Junto a seus artigos pessoais estavam algumas das arcas enterradas por ele no deserto de Gobi, com o objetivo de proteger pertences ancestrais.

Entre muitas coisas interessantes, a espada de um samurai chamou a atenção de Zaya. Esse samurai virara discípulo de Danzan Rabjaa e, ao lhe entregar a espada, dissera-lhe que a partir daquele momento escolhia as lições de meditação em vez do sabre. A sabedoria sobrepondo a força. Sem dúvida, um gesto de bravura e entrega admirável, como tantas outras coisas vistas em solo mongol.

Confirmações

Em sua última noite de viagem à Mongólia, Zaya foi surpreendida por um sonho que ratificou o que fora presenciado em duas constelações familiares feitas tempos antes, uma delas a constelação que reproduzia o seu nascimento.

No sonho, Zaya viajava com um grupo de amigos para determinado país, onde passariam alguns dias de férias. O destino inspirava diversão. O intuito era explorar o local. Após serem informados sobre a viagem que fariam juntos, cada um saiu para preparar sua bagagem e, no instante seguinte, Zaya se viu dentro de um avião. Era um avião de guerra, grande e com poucos assentos, com muito espaço livre. A cor era cinza-escura por dentro e por fora.

Seus pais também entraram no avião e estavam discutindo sobre Zaya levar ou não uma bolsa extra. Seu pai dizia que apenas uma mala não seria suficiente, que era preciso levar a bagagem extra que ele tinha preparado. Sua mãe discordava, afirmando que tudo de que Zaya precisava estava na outra mala que ela tinha feito. Portanto, não seria necessário levar outra bolsa.

Além disso, naquele voo só era permitido uma bagagem por passageiro. Uma mala extra custaria uma taxa cujo valor era abusivo, segundo informes de alguém que fazia parte da tripulação. Para Zaya não valeria a pena pagar o alto valor estipulado para ter com ela uma mala extra. A ideia por trás de tal restrição era que o avião não apresentasse sobrepeso, de acordo com a tripulação. Eram bem restritivos quanto a isso.

Enfim, em meio a essa discordância, repentinamente o avião decolou. Depois de alguns minutos, sua mãe se levantou e se sentou na poltrona atrás de Zaya. Sua mãe segurava firmemente a bolsa nas mãos, reafirmando à filha que ela não precisava de uma bolsa extra. Zaya, por sua vez, sentia que possivelmente precisaria e, na verdade, estava dividida quanto àquela decisão, pois, apesar de sua mãe afirmar que na outra mala havia tudo de que ela precisava para aquela viagem, Zaya não a vira preparando, então desconhecia seu conteúdo.

O avião aterrissou. No entanto, aquela era apenas uma rápida conexão. Nesse momento, ainda em discordância, seus pais desceram do avião. Sua mãe saiu na frente e carregou consigo a bolsa extra em suas mãos. Seu pai a acompanhou. Zaya observava o movimento dos dois.

Seu pai, ao lado da esposa, ainda não estava totalmente convencido de que a filha tinha tudo de que precisava para fazer aquela viagem. Mas assentiu e aceitou a decisão tomada pela esposa. O avião decolou novamente, voando para o destino final. Zaya, dentro do avião, os observou lá fora. E antes de o sonho acabar, ela os viu caminhando juntos, eles e a bolsa, procurando um meio de transporte que os levasse de volta para casa.

Ao acordar, Zaya faz rapidamente a associação desse sonho com a constelação do Havaí. A mensagem era clara: sua mãe, por meio do seu poder de convencimento e pela sua persuasão, conseguiu evitar que Zaya levasse peso extra naquela viagem. Uma alusão à ação da sua mãe sobre o seu pai, retirando-o do seu campo energético e emocional — o que naquela situação repercutia como um peso, visto que ele estava mobilizado por sentimentos de apego, remorso e posse sobre a filha. No sonho, a mãe pegava para si o que considerava um excesso de peso, evitando que Zaya se sobrecarregasse na viagem que representava sua jornada pela vida.

A mensagem era clara, os pais a acompanhavam apenas na parte inicial daquela viagem. E na vida real fora exatamente assim: quando Zaya tinha dezoito anos de idade, sua mãe morrera; aos vinte e três, foi a vez de seu pai partir. Entretanto, eles a deixaram munida com a bagagem de que precisava para seguir com o grupo de amigos com que ela escolhera estar para fazer aquela expedição, amigos esses que representavam as pessoas com as quais ela escolhera compartilhar sua vida.

Por outro lado, fazendo uma análise mais minuciosa, o sonho mostrava que sua mãe fizera a mala sozinha e não a deixara carregar a mala preparada pelo pai. Isso levou Zaya a recordar que, na constelação referente ao seu nascimento, a cena inicial era sua mãe, mesmo que inconscientemente, tirando do marido a oportunidade de ser pai, segurando firmemente Zaya sem seus braços, sem querer compartilhar com ele o afago da filha, não permitindo que ele se aproximasse da recém-nascida.

Sua mãe não fizera aquilo por mal ou por egoísmo, a questão ia muito além. Aquele movimento súbito de manter Zaya somente com ela era, na verdade, resultado da crença que sua mãe trazia consigo de suas heranças familiares, de que a criação dos filhos é responsabilidade exclusiva da mãe, cabendo ao pai apenas o provimento financeiro. Isso era um valor explícito em sua criação, assim como na do pai, que rapidamente desistiu de uma aproximação mais profunda por também acreditar nisso.

O ponto de equilíbrio seria que os dois fizessem a mala que Zaya levaria em sua viagem. Ambos eram responsáveis por dar a ela suporte e estrutura para manter-se bem após a partida deles. Não era algo de responsabilidade exclusiva da mãe.

Ao enxergar o que estava nas entrelinhas, manifestado em seu sonho e em suas constelações, Zaya teve a oportunidade de romper com aquele *loop* transgeracional fidelizado no ventre de sua família e de seus ancestrais. Por meio da expansão de consciência, teria a chance de fazer diferente, contribuindo para mudanças nas gerações futuras de seus descendentes. E esse era o ponto. A oportunidade de transformação. Ambos fizeram o que era possível dentro do que tinham como certo, e cabia a Zaya reconhecer o valor do cuidado e da criação que eles lhe deram.

Outro aspecto a ser observado é o fato de que no sonho havia um avião de guerra, cinza-escuro, com poucos assentos para passageiros. Possivelmente, tais características estavam atreladas a crenças de Zaya. Até pouco tempo antes, era assim que ela via a vida, como se todo dia estivesse indo para a guerra, portanto nada mais sugestivo do que se ver dentro de um veículo de guerra para ir àquela viagem, que representava a sua vida.

Sua vida, por muitos anos, fora cinza dentro e fora de si, cores que caracterizavam aquele avião. E ela, por ser uma pessoa reservada, fazia questão de manter poucas pessoas ao seu redor; poucos tinham acesso ao seu convívio diário, não abria espaço para aglomerações, assim como poucos eram os assentos dentro daquele avião.

Assim era rotineiramente: o inconsciente de Zaya trabalhando enquanto seu corpo físico descansava. Um sonho carregado de simbologia, uma verdadeira oportunidade de limpeza de velhas crenças e amarguras. Além do que fora interpretado, outro aspecto relevante era a chegada ao destino, onde, ao descer do avião, começaria uma nova aventura, rodeada por pessoas que amava. Ou seja, chegara a hora de viver a vida de uma maneira mais divertida e leve, carregando consigo apenas o necessário para usufruir daquela experiência. Nada de excessos, nada de peso extra.

A ideia era usar o que recebera como base em sua criação para viver sua vida livre de culpa, remorso ou mágoa. Apenas ir... Seguir buscando construir o que a fazia ser ela mesma em sua essência. E honrar, por meio de uma vida plena e feliz, a partida prematura de seus pais.

A importância daquela vivência ocorrida no monastério Khamar estava associada ao fato de Zaya ter, sozinha, sem quaisquer intermediários, acessado o seu divino, o seu sagrado. Ela literalmente visitou a sua Shambala.

Muitos foram os aprendizados daquela viagem. Contudo, a ressignificação do seu poder pessoal não apenas como criatura, mas como criadora, era uma das mensagens presentes nas entrelinhas do que fora vivido. Estava comprovado por meio daquela experiência que, para muitas coisas, querer é poder. E o poder da intenção cria. Depois de seis meses intencionando fervorosamente viver o *religare*, lá estava ela em estado de torpor. Havia verdadeiramente se reconectado à fonte primordial criadora.

Ao longo de sua jornada, tinha provado revelações e experiências sutis e sublimes, riquíssimas, entretanto, aquela era a primeira vez que fora um mérito exclusivamente seu. Ali, não existiam terapeutas, gurus, líderes religiosos, amigos, psicólogos, guias espirituais ou quaisquer substâncias enteógenas. Foram unicamente seu corpo, sua alma e sua consciência em sintonia com o todo, com o divino, com o universo. Tudo em plena ressonância. Elementos internos e externos se comunicavam diretamente. Tudo era apenas um. E um era o todo.

Aquela viagem representava a desconstrução da ideia da necessidade de guias espirituais, mestres, instituições e referências humanas para acessar o seu potencial divino. Qualquer ajuda é bem-vinda, contudo a dependência ou a transferência ao outro do poder cocriacional pode ser castradora.

As barreiras conscienciais impostas por dogmatismo tinham outrora enfraquecido o seu poder pessoal. Aquele momento representava a libertação de uma consciência antes aprisionada por uma malha planetária de sofrimento, culpa, punição, julgamento e medo. O seu trabalho individual para o resgate e a reconexão com sua hierarquia pessoal (fractais seus harmônicos, ancestralidade, família cósmica) e sua hierarquia espiritual (consciências universais) construiu aquela experiência sem precedentes em sua jornada como Zaya.

Daquele momento em diante, iniciaram-se internamente novos valores, novas crenças, pois aquela fora uma mudança em sua alma. Constatara fisicamente que a chave de acesso estava dentro dela, e não fora ou em outra pessoa, instituição ou local. Assim, ninguém poderia afirmar qual era o caminho correto, o caminho da salvação ou da iluminação, pois pessoalmente ela constatara que o caminho só se encontrava trilhando. E para cada indivíduo havia um.

O caminho, portanto, era único. O que atendia aos anseios de um não necessariamente atenderia aos de outro. E a descoberta de qual caminho percorrer só ocorria por conta própria em meio ao experienciar.

Aquela viagem lhe ensinara ainda que seria necessário observar e por vezes aquietar suas vozes internas; em outros momentos, dar ouvidos a essas mesmas vozes. Um exercício de discernimento profundo no qual não era possível haver transferências. Seria necessário olhar seu lado mais obscuro, acolhê-lo e aceitá-lo, para assim transmutá-lo. Seria necessário vigiar incansavelmente seus pensamentos e acessar mundos distintos do seu para, assim, descontruir julgamentos e padrões de comportamento limitantes. Transpor medos, repensar, reconsiderar e recomeçar diariamente. O caminho do autoconhecimento se constrói vivendo, dia após dia.

Essa viagem fez Zaya fortalecer o princípio da autorresponsabilidade, segundo o qual cada indivíduo é responsável por seu processo evolutivo, por seu amadurecimento emocional, por suas vitórias e derrotas, por suas relações, por seus medos e angústias; essa era, de modo consolidado, uma verdade para Zaya. Ficara claro que o processo de libertação de amarras, do autoconhecimento, era pessoal e intransferível. E disciplina e prática eram requisitos básicos diários para o processo de transformação pessoal.

Zaya mais do que nunca se reconhecia como uma pedra bruta em processo de lapidação. Vivências como as dessa viagem faziam toda a diferença em sua jornada. Em meio àquela ânsia desmedida pela busca e pelo conhecer, encontrara uma razão para permanecer neste mundo, e dentro de sua história isso era muito. Ela precisava de fortes razões para ficar. Essa era apenas a sua realidade.

De volta ao Brasil, ao passar por fotos tiradas por Temuulen, Zaya percebeu algo que até então não tinha notado. Vendo as fotos em seu *notebook*, e não na tela da câmera fotográfica, enxergou com mais nitidez o que tinha passado despercebido. Mais um presente diante dos incontáveis que recebera.

Em uma das fotos tiradas dentro de um complexo de cavernas localizado próximo ao monastério Khamar, local onde se diz ter ocorrido a iluminação de Danzan Rabjaa, foi registrado sobre a cabeça de Zaya um orbe (bola de luz) de coloração branca bem nítido, cujo tamanho se aproximava ao de sua cabeça. Ele foi tomando forma na sequência de fotos tiradas dentro da caverna. Uma prova física de que tudo o que ela vivera ali fora real. Consciências não humanas a acompanhavam e guiavam naquela jornada.

Surpreendentemente, fora exatamente assim que começara aquela jornada seis meses antes, durante uma meditação, em um local de poder, vendo um índio criar um círculo de luz branca, naquela ocasião definido por Zaya como um vórtice de luz. Agora, ela tinha registrado naquela fotografia, acima da sua cabeça, um orbe de cor branca, estando ela dentro de um local de poder. O universo mais uma vez trabalhava de modo sincrônico.

O encontro

Os anos de terapia e a experimentação dos mais diversos tipos de técnicas integrativas possibilitaram que gradualmente Zaya saísse de um padrão de terceirização do seu processo evolutivo para a autorresponsabilidade sobre esse. E sem dúvida havia tropeços e ajustes a serem feitos constantemente.

A solidão sentida por tantos anos ia sendo minimizada à medida que ela se sentia integrada ao todo. O desconforto em se sentir só era minimizado à medida que ela percebia que o universo falava com ela o tempo todo, fosse em um pôr do sol ou pelo sorriso de um desconhecido.

O amadurecimento mostrava-lhe que a ajuda era necessária e saudável em situações que estavam além de sua capacidade de elaboração, até mesmo para identificar processos ainda inconscientes que atuavam diariamente em sua vida. Todavia, o ideal era fortalecer a si mesma, pois no universo da busca pela cura, do autoconhecimento, da expansão de consciência, nada ocorre de maneira instantânea, e é preciso ter paciência e muita persistência.

Zaya assumira uma nova postura perante a vida, e mesmo em tempos de atribulação se percebia e se sentia uma afortunada, que, apesar de trilhar um caminho pedregoso, tinha conseguido ressignificar crenças, verdades, julgamentos, valores, relações.

Era sabido que as pedras do caminho é que a haviam tirado da zona de conforto, possibilitando-lhe um encontro com suas diversas faces, acessando e descobrindo prazeres e encantos inimagináveis. Assim, tornara-se forte e frágil ao mesmo tempo, segura de si, feliz com sua existência, confiante na abundância presente no universo e conectada diretamente com a fonte primordial, sem intermediários, como seu íntimo tanto ansiava.

A jornada da ressignificação da vida mostrou-se um processo diário, pessoal e intransferível, e assumir o poder cocriacional pessoal foi o que possibilitou a Zaya preencher lacunas, trilhar novos caminhos. E nesse buscar foi que ocorreu o verdadeiro encontro, o encontro consigo, encontro esse que levou a tantos outros, entre eles talvez um dos mais especiais: o encontro com a escrita.

Para Zaya, a escrita tornou-se uma ferramenta de cura pessoal e coletiva, uma verdadeira companhia diária que se manifestava em seus mais diferentes estados de humor. E foi por meio dela que Zaya resolveu conflitos, aliviou dores, fez declarações, se aproximou de alguns, se afastou de outros, compilou trabalhos, materializou memórias, encantou, gritou, se manifestou.

A escrita era uma construção diária e silenciosa que a acompanhava desde a infância, às vezes mais evidente, outras despercebida. Escrita manifestada ao longo destas páginas em forma de poesia. Poesia expondo sua história de vida. Poesia narrando o seu estado de espírito. Poesia desvelando sua face mais íntima e sombria. Poesia adoçando histórias amargas. Poesia suavizando pesos. Poesia conectando fatos, relatos, pessoas. Poesia alegrando a vida! E em forma poética Zaya aprendeu a estar. Com o uso dessa ferramenta, vem preenchendo seus dias.

Zaya encontrou algo que a abastece para além do físico e aqui o materializou. Um poema deixou como despedida. Dessa forma, lhe agradece pelas horas de leitura, e o que ela genuinamente anseia é que, para muito além da leitura, lacunas tenham sido preenchidas. Gratidão, amigo(a) leitor(a), gratidão pelas horas divididas.

Eu Sou

Minha casa não tem paredes,
Escolho a liberdade de ser, ver e sentir.
Estou despida dos velhos hábitos.
Que pena! Eles ainda não se despiram de mim.

Tudo aberto, chega de quartos escuros,
Cansei dos muros,
Pontes são o meu novo escudo.
Caminho sobre elas,
Não me escondo mais dentro do túnel.

As águas turvas vejo agora cruzando o horizonte.
Delas me despeço, as deixo ir,
Me transporto para outros montes.

Novas verdades são a ordem da casa,
O que você trouxe.
Agradeço, me despeço, livre me vou.
Ainda não reconheço o que quero,
Mas sei o que para trás ficou.

É preciso encarar os fatos,
Muito em mim mudou.
As velhas roupas não vestem mais,
Os sapatos que apertam já deixei para trás.

Sigo despida e descalça,
Atravesso mundos, submundos vou visitar.

Tudo para descobrir que a busca nunca vai acabar.
Então, cabe a mim tolerar,
E as angústias desse ser respeitar.

Exausta,
Acolho a rotina,
A rotina da escrita, dos livros, da busca enraizada, do estar.
Substituo o ir pelo ficar.
É tempo para espreguiçar,
O sofá ocupar.

O externo excitava,
Encantava,
Mobilizava,
Desviava, sem eu perceber, me afastava.

Os olhos alcançavam.
No entanto,
Os pés cansados não tocavam,
O coração não mais palpitava, comprimia, sangrava.
Que lugar é esse ao qual eu nunca chegava?

Enfim, ouço.
Ouço o EU que aqui dentro,
Angustiado, gritava.
Inquieto, suplicava.
Desassossegado, chorava.
Esperançoso, não se calava.

As máscaras o encobriam,
As máscaras o abafavam.
Tudo isso se foi.
Então, ele se apresentou.

Floriu,
Falou,
Se apropriou.

O EU divino,
O EU conectado,
O EU SOU.
Esse EU vive em mim.
Esse EU que EU SOU!

Com esse EU me reconecto.
Com esse EU busco amor.
Esse sábio, descubro que sou EU, diretamente ligada ao criador.